未来のエリートのための
最強の学び方

佐藤優

まえがき

本書は、同志社大学生命医科学部長の野口範子《のぐちのりこ》教授との共同作品である。

野口先生は、東京大学に一四年勤務した後、二〇〇五年に同志社大学に異動し、生命医科学部の立ち上げを行なった中心人物である。

先生は、専門分野（「放射線照射によるミトコンドリアDNAの傷害についての研究」「フリーラジカルおよび抗酸化物質による遺伝子発現制御についての研究」など）でも大きな業績をあげているが、同時に教育に対しても熱心で、文科系、理科系の枠組みを超えた「サイエンス・コミュニケーター養成副専攻」を主宰している。

いわゆる文理融合を口にする人は多いが、実際に大学教育の現場で、この難事業に取り組む人は少ない。私は野口先生の理念と情熱に共鳴して、二〇一八年からこの講座でサイエンスとインテリジェンスについて講義している。

本書は、同志社大学で我々の講義を受講する学生（文科系、理科系ともに基礎的学術訓練のよくできた人たち）よりも少し広い範囲の読者を想定して、私が野口先生と行なっている文理融合を通じ、一ランク高いレベルの教養を身につけるための指針を示した本だ。具体的に想定しているのは、以下のカテゴリー（範疇）に属する読者だ。

大学受験を控えている中高生。

将来に不安を感じている浪人生。

現在、大学（院）の講義やゼミだけでは、十分な教養を身につけることができないと不安を覚えている大学生（院生）。

二〇代〜三〇代の、大学・大学院を卒業したが、知的基礎体力に不安を覚えていて、自分の教養の「鍛え直し」を志している社会人。

これらの人たちを指導する立場にある中学高校、大学の教師、企業や官庁の管理職にも、役立つ構成になっている。


私は、「真理は具体的」であると考えている。実用性のない「教養のための教養」「知識のための知識」を身につけても、意味がない。同時に、すぐに役に立つような実用的知識は、陳腐化が早いのである。

本書で述べていることを要約すると、文科系、理科系を問わずに高校教科書レベルの知識をきちんと体得しておけば、国際基準での教養が十分に身につくということだ。

しかし、教科書の記述は単調なので、自分が苦手意識を持っている分野をマスターするのは至難の業だ。それを克服するためには、「この知識を得なくてはならない」という知的意欲を持つことだ。本書を精読していただければ、あなたの知的欲求が刺激され、学習意欲が増進すると私は確信している。

本書を上梓するにあたっては、集英社インターナショナルの佐藤眞氏にたいへんにお世話になりました。どうもありがとうございます。

二〇一八年十二月一日、京都市上京区同志社大学神学館二階演習室にて

佐藤 優

もくじ

まえがき（佐藤優）　2

第1部　君たちはどう学ぶか　9

Ⅰ　なぜ受験で勉強したことはすぐに忘れるのか　11
「先生」と呼ばれたくない理由／本当の友情とは／「むずかしい本」をどう読むか
勉強には「短距離走」と「長距離走」がある／君は論理的思考がなぜ苦手なのか
「嫌いで意味のないこと」はすぐに忘れる／世界史の知識はなぜ必要なのか
円環の時間を生きる日本人／欧米の時間には「終わり」がある
すぐに役に立つことは、すぐに役立たなくなる／年号に込められた「カイロス」を理解する

Ⅱ　「国際基準」の人材になるための必須条件とは　31
二〇二〇年、大改革が始まる／「アトム化」された日本の大学
国際基準から逸脱している日本の大学生／新興私立の中高一貫教育に潜む欠陥
なぜ「ビリギャル」は慶應SFCに入れたのか／同志社創立者・新島襄は劣等生だった

「武士の教養」では国際基準に通用しない
なぜ外務省研修生はモスクワの大学を「退学」させられたか
世界スタンダードの教養を身につけるには／なぜ名桜大学の偏差値は急上昇したか
医者や弁護士は将来、貧困ビジネスになる

Ⅲ　これからは「文理融合」の教養が求められる　54

今の大学入試制度は末期の零戦だ
独自の入試問題が作れなくなった大学が増えた弊害
新テスト導入で、日本の大学はどう変わる／あと二〇年したら後輩に追い抜かれる時代になる
なぜ同志社はサイエンス・コミュニケーター養成に乗り出したか
ＳＴＡＰ細胞は現代の錬金術だった／古代ギリシャが産み出した「テオリア」とは
啓蒙主義が挫折した理由とは／近代合理主義の限界が露呈された第一次大戦
人間中心主義に挑戦したカール・バルトの偉業
心理学者ユングが喝破した錬金術の本質／『あの日』に見る「枝切り」の手法
文科系と理科系の教養を併せ持つ必要性

Ⅳ　今からやるべき「英語」と「数学」の学び直し　79

文科系ならば数学検定三級からスタートしよう
東大や東工大の学生も読んでいる、数学の「知られざるベストセラー」
なぜ「平行線は交わらない」と言えるのか／英語の学び直しに最適な教科書三冊
高校二年生レベルの英語力を上位五パーセントに格上げするには
とにかく「読む力」を優先して身につけよう

語学留学は大学のブランドにこだわるな／SNSでは真の「友だち」は増えない
我々はインターネットにもっと慎重になるべきだ
ウィキペディアは情報ソースにはならない／教養の最終目的は何なのか
大学は就職予備校ではない／「本当に好きなこと」ならば、それで食っていける

第2部 真の意味の「エリート」とは

［対談］佐藤優×野口範子 101

Ⅰ 現代日本に欠落している「文理融合」の知 103
予備校の「鬼教官」／教育産業と学校の違い／公立高校の限界
なぜ今、サイエンス・コミュニケーターなのか／「危険」だからこそ学ぶ
有限は無限を包摂しない／なぜアカデミーが啓蒙を行なうのか
政治と科学との架け橋／冷戦終結で生まれた「アウトリーチ」
テイクオフできない日本の現状

Ⅱ 「教養の底上げ」のために今、やるべきこと 129
「出口戦略」の重要性／なぜ地方公務員上級のほうがいいか
シンギュラリティという「マジック・ワード」／「否定神学」と「東ロボくん」
最初から怪しかった「STAP細胞」事件／日本社会に潜む構造的な問題
ヒトラーを防ぐにはヒトラーを知らなければならない

「暗記数学」がもたらしたものとは／「合理的思考」がオウム真理教を産み出した
非科学的思考が宇宙時代を作り出した／教育を立て直すには二つのルートから
真のエリート教育とは／驚くべき中学二年生
教養の底上げをするための勉強法／生涯続く「学び」のプロセス

〔付録〕同志社大学サイエンス・コミュニケーター養成副専攻シラバス　167

対談を終えて（野口範子）　173

表紙カバー図版
同志社大学生命医科学部入試問題より
（二〇一七年度、二〇一八年度）

本文写真提供
共同通信、毎日新聞、アマナイメージズ、
ゲッティイメージズ

装幀・本文デザイン
白石良一、丸山太央（白石デザイン・オフィス）

第1部　君たちはどう学ぶか

本稿は二〇一七年十一月十日、同志社大学で行なわれた、同大学図書館主催の『文系学生のための教養の習得と活用法』（今出川キャンパス）と『理系学生のための教養の習得と活用法』（新田辺キャンパス）の二講演を基に再構成したものである。

I なぜ受験で勉強したことはすぐに忘れるのか

「先生」と呼ばれたくない理由

ただ今ご紹介にあずかりました佐藤優です。一九七九年、同志社大学神学部入学。八三年、大学院神学研究科博士課程（前期）組織神学専攻入学で、八五年に大学院修了。そのあと外務省に入って、主にロシアと情報《インテリジェンス》の仕事をしていた。

（司会者が「佐藤優先生」と呼んだことに対して）先生と呼ばれるのは苦手です。

霞ヶ関《かすみがせき》、官界で「先生」と呼ばれるのは誰だと思う？ 国会議員だよね。たとえば「前原誠司《まえはらせいじ》議員」と言ったら、「俺を馬鹿にしているのか」という話になる。どうしてか。議員は地方議会にもいるから。だから正確には「前原誠司代議士」と言わなければいけないんだけれども、たとえば福山哲郎《ふくやまてつろう》さんなら、彼は「代議士」ではない。「福山哲郎参議院議員」と言い分けなければいけない。なので面倒くさいから「先生」と言う。これが霞ヶ関（官界）の常識だ。

今の紹介の中には入っていなかったけれど、私は二〇〇二年に鈴木宗男《すずきむねお》事件に連座して、東京地検特捜部に職場で逮捕された。二〇〇二年にはみんなは小学生かな。幼稚園の子もいるね。時の流れは早いものだ。

同志社出身者で、戦前戦後を通じて一番大きな事件を起こしたのは、たぶん私だと思う。その前に、商学部出身の小谷さんという先輩が、蛇の目《じゃめ》ミシンという会社に対する恐喝事件を起こして東京地検特捜部に逮捕されたことがある。私はたぶん二人目だけど、私のほうは政治事件だから、小谷先輩より扱いが大きかった。

逮捕されたあと、東京拘置所で五一二日間ほど修行してきた。独房の両隣は確定死刑囚だった。一人は連合赤軍事件で一六人殺した坂口弘《さかぐちひろし》さん。こういう環境だった。

その拘置所では、「先生」というのは看守のことを言うんだ。それだから「先生」と聞くと、「またあそこに戻るんじゃないか」と、こういう感じがしてくるわけ。

本当の友情とは

自己紹介を続けよう。

私は埼玉県立浦和《うらわ》高校という公立高校出身で、浦和高校はいわゆる入学偏差値だけは高い。卒業生には霞ヶ関の役人がたくさんいる。浦高卒の霞ヶ関の連中は、鈴木宗男疑惑が出てきたら、クモの子を散らすようにいなくなってしまった。

作家になってからは「佐藤さん、心の中で支援していましたよ」とか「佐藤君、がんばったな」とか言って、また寄ってきた。一〇〇年前からの親友みたいな感じでね。

でも、同志社の神学部の友だちは違った。私がパクられたその日に支援会を作ってくれた。といっても「無実を訴える会」というのではない。「支援する会」です。「何かやっていたに違いない」と思ったんでしょう(笑)。

だが、「何かとんでもないことをしでかしたのは間違いないが、しかしそれは、カネをチョロまかしたとか、女連れでイスラエルに遊びに行ったとか、そういう類《たぐ》いの話ではないだろう。本当の話はずっと深刻なんだろう」という認識だった。で、「まだ真実は話せない状況にいるわけだから、佐藤が出てきてからゆっくり話を聞こうではないか」。こういうことだった。

私を支援してくれた人たちの中に、滝田《たきた》敏幸《としゆき》という男がいる。当時、自民党で千葉県印西《いんざい》市の市会議員をやっていた。「お前、大丈夫か。自民党員だし、俺の支援なんかしたら、次の選挙に落ちるんじゃないか」と言ったら、「俺の選挙基盤は盤石《ばんじゃく》だし、その程度のことで落ちるのなら、その程度の選挙民しかいなかったと諦めがつく」という返事が来た。滝田は今、千葉の県会議員をやっていて、自民党で格差防止などに取り組んでいる。森田《もりた》健作《けんさく》さんを千葉県知事にするときにも中心的役割を果たした。

彼は「衆議院に出ないか」と言われても、「出ない」と固辞している。彼は私と同じ五七歳です。

「五〇代の後半になってから衆議院議員になっても、当選四回以上にならないと今は閣僚になれない。閣僚にならなければ、まともな仕事はできない。それよりは県会で議長をやる。あるいは、どこか千葉県の中で首長をやったほうが仕事ができる」と滝田は言う。

同志社の神学部関係者は、先生も含めて、苦しいときは手を差し伸べてくれるけれども、順調になると「まあ、それでいいんじゃない」と接触しない。ベタベタくっつかない。それも文化だ。

「むずかしい本」をどう読むか

みなさんはこれからいろいろなところに就職するだろう。どこにも学閥はある。理科系でも、文科系でも。でも、学閥は企業でも官庁でも、その中の劣位集団が作る。要するに、先頭を走っている人間は自分の仕事でいっぱいいっぱいで、「どこの大学の出身か」なんて考えている余裕がないわけ。真ん中より下にいて、グジグジしていると出身大学や学部が気になる。

今日は本を読む教養をどうつけるかという話なんだけれども、本というのは、情報を得るうえで最も安価で効率的な手段なんだ。私が今日ここで一時間半、しゃべるでしょ。これをそのまんま文字に起こしたらどれくらいの分量になると思う？ たぶん新書本の三分の一冊くらいにしかならない。しかも話し言葉だから重複もある、脱線もある。私がこれから話す九〇分の情報を本で得ようと思うなら、一〇分でできる。

そう考えると、本を読むことでものすごく手軽に正確な情報を得ることができるわけ。ただし、本には読み方がある。どういうことか。そのことをここでお話ししたい。

ここで言っているのは「むずかしい本をどう読むか」ということ。

むずかしい本には二通りある。

一つは内容がデタラメだからむずかしい。著者を含め、誰も理解できない。そういうものは読まないことだ。ただ、デタラメかそうでないかの仕訳ができるようになるまでには結構時間がかかる。

それから二番目。知識が積み重ね方式になっているので、今の自分の学力では読めない。そういう意味での「むずかしい本」。

この中でロシア語をとっている人いる？　手をあげて。

Как вас зовут?（ロシア語で「あなたの名前は何ですか」と話しかける）。

学生　**Меня зовут Котонэ.**（ロシア語で「私の名前は琴音です」と答える）。

今、彼女と私の間ではコミュニケーションができた。「あなたのお名前は何ですか」と私は聞いて、彼女は答えることができた。またロシア語を話すよ。

Сегодня я хочу поделяться с вами своими мнеиями о университете Досися.

言っていること、分かる？

学生　分かりません。

今は分からないよね。でも、君があと一年半、ロシア語を一生懸命に勉強すれば、「本日はみなさんと一緒に同志社大学についての見解を共有してみたい」と私が言っていると分かる。これが積み重ね方式の知識が必要になるということだ。

これは経済学でも神学でも哲学でも一緒。特に高等教育機関で行なう学問というのは、たいていどれもが積み重ね方式になっているわけ。それだから基礎知識に欠損があると、それを埋《う》めない限り伸びない。

勉強には「短距離走」と「長距離走」がある

同志社の学生は、基本、頭がいい。お世辞で言っているんじゃないよ。

私は外務省時代、文部教官の兼任発令を受けて、東京大学の教養学部後期教養課程で六年ほど教育に従事していた。実は東京大学の文科系では、法学部よりも教養学部の後期教養課程のほうがむずかしいんだ。東大は最初の二年が教養課程で、三年になるときに各学部・学科に内部進学するという形を採る。その際に点数をいちばん要求されるのが教養学部。そこで私は教壇に立っていたから、東大の一番できる学生たちの水準というのはよく分かる。

さらにそれよりもう一回りむずかしいモスクワ国立大学の哲学部の客員講師も私はやっていたから、そういった学生たちの水準も分かる。

みなさんと彼らとを頭のでき、洞察力で比べても遜色《そんしょく》はない。ただし、一つ違いがある。みなさんは受験勉強を三ヵ月くらいの短距離走でやって合格している。だから短距離走で成果を出すのが得意。同志社でフランス語やドイツ語やロシア語を第二外国語でやっている学生は、一年間の実質学習時間はたぶん五、六時間だ。試験はだいたいテキストのところを丸暗記しておけばできるからね。必死になって覚えて復元する。こういう勉強のしかたをする。積み重ね方式の勉強をしてきた経験がない。そこが問題なんだ。

高等教育、つまり大学の勉強というのは、理科系は見えやすい。このテキストを勉強したら、次はこのテキストをやる。この公式を理解したら、次はそれを元に応用問題を解く。そういう順序が比較的分かりやすい。

さっき松岡敬《まつおかたかし》学長とお昼ごはんを食べて、京田辺《きょうたなべ》から今出《いまで》川《がわ》（いずれも同志社大学キャンパスの名前）に来るまでに車の中で話していたんだけれども、理科系の一回生、二回生、三回生を比較すると、明らかに見えている世界が違うというのが松岡学長の話だった。一方、文科系はどうか。文科系の場合は基本的に野放しだ。いざとなったら一夜漬けの暗記でも単位はどうにか取れるから、三回生、四回生になっても知的風景が変わらないということがありえるんだよ。

君は論理的思考がなぜ苦手なのか

国家公務員総合職試験を受ける同志社の学生は結構いるよね。外務省の専門職員を受ける同志社の学生もいる。でも、東京外大とか大阪外大の外国語学部の学生と比べると、打率が今ひとつよくないんだ。なんでだと思う?

その秘密を教える。

答えはシンプル。数学で引っかかるからだ。

外交官試験は一次試験から筆記なんだよ。受験者数が少ないから、司法試験の二次試験の記述式と同じ用紙を使っているわけだけれども、記述式だと試験官が採点できる数には限界がある。だから外交官試験だと合格者の三倍程度しか受験させない。

では、その数をどうやって調整するか。足切りだ。

外務省の場合はマークシートではなくて、選択肢を数字で書き込むタイプの「教養試験」を行なっている。そこで鍵を握るのが判断推理と数的推理。つまり数学だ。これは他の公務員試験でも同じだ。地方の上級職だって同じ。

民間企業ではSPIとか「玉手箱」(日本エス・エイチ・エル社が行なっている、自宅受験型のウェブテストで、広く企業の採用試験に活用されている）を使っているけれども、ここでも数学的能力が極端に悪いと弾かれるようになっている。

なぜ数学的能力に着目するかというと、数学というのは論理的な思考の基盤になるからだ。

といっても、せいぜい数Ⅰとか数ⅡAの途中くらいまでの理解力があればいいんだけれども、学生の多くは高校時代、数学を暗記物の一種としか捉えていない。高校時代にそういう勉強しかしていないから、大学に入ったらあっという間に忘れてしまう。身についてない。

「嫌いで意味のないこと」はすぐに忘れる

私は、早稲田と慶應で教えたことがあるんだ。早稲田は政経学部で三年くらいやった。第一回目にショック療法で試験をした。どういう試験かというと、真珠湾攻撃は何年か。第一次世界大戦の勃発は何年か。ロシア社会主義革命は何年か。沖縄返還は何年か。明治維新は何年か。関ヶ原の戦いは何年か。こういう形で、山川出版社の『**詳説世界史B**』（写真）の中の太字で書かれている年号を中心に、基本的な問題を一〇〇問出す。

早稲田は政経学部の三年生。日本の偏差値からすれば、

私立の文科系で最もむずかしい学部だよね。慶應は総合政策大学院の一年生と二年生だ。一〇〇問で一〇〇点満点。N君、早稲田と慶應、それぞれどれくらいの平均点だったと思う？

学生　五〇点くらいですか。

早稲田は五点。慶應は四・二点だよ。頭が痛くなったよ。ソ連の参戦が一九六〇年とか、二・二六事件が一九八三年とか、原爆投下が一九七二年というのもあったな。そういう恐ろしい答案を私は山ほど見せられた。

たぶん今、同志社で抜き打ちをやった場合でも、同じような結果になると思う。世界史はみんな必修でやっているはずなのに、壊滅的に点数が低い。

それには理由が二つある。

一つはみんな受験勉強が嫌いだからだ。

早稲田の政経の学生たちに「君たち、どうして早稲田の政経に来たの？」と聞いたことがある。

「きっと、たぶん数学に苦手意識があったからじゃないか。それから、親の期待に極力応えたい。クラスメイトや担任の先生の前でデカイ面をしたい。となると、数学を迂回《うかい》して入れる、最もむずかしいのは早稲田の政経だから、早稲田の政経に行くことに決めた。まあだいたいそんなところだろ」

問題 以下の歴史的出来事が生じた年号を記せ

(1) フランス革命勃発
(2) ロシア社会主義革命勃発
(3) ソ連崩壊
(4) 明治維新(明治元年)
(5) ウェストファリア条約
(6) コロンブスのアメリカ到達
(7) ノモンハン事変
(8) ゾルゲ事件
(9) ハンガリー動乱
(10) ヨム・キープル戦争(第四次中東戦争)
(11) 真珠湾攻撃
(12) 第一次大戦勃発
(13) 沖縄返還
(14) 第二次大戦勃発
(15) 広島・長崎への原爆投下
(16) 二・二六事件
(17) 米国同時多発テロ事件
(18) 関ヶ原の戦い
(19) サンフランシスコ平和条約発効
(20) 日本のポツダム宣言受諾

※正解は 30 ページに

そう言ったら、みんな素直にうなずくよ。

次にこう聞いた。

「君たちは受験勉強なんて、意味がないと思っているだろ?」

それもみんなうなずく。

人間は「嫌いで意味がないこと」は記憶に定着しない。だから大学受験でやってきたことはすべて忘れてしまう。それは当然なんだ。

世界史の知識はなぜ必要なのか

でも、いつまでも世界史を「嫌いで意味のないこと」のままにしておいていいのか、ということだ。

この中には外交官になりたい人もいるだろうし、国際政治学者になりたい人もいるだろうし、総合商社に勤務したい人もいるだろう。いずれの場合も、世界史に関する基本的な知識がないと、相手にされないんだ。

また、外国で仕事をする人間は、日本のことを聞かれる。そんなとき、自国の歴史に関する知識がない人間は相手にされない。

これは歴史じゃなくて地理の話だけれども、「北京から東京までバスで何時間かかりますか」

ということを、私はイギリスに住んでいたときに何度か聞かれたことがある。その程度の質問をする人と、まともに話をしようという気にはならないだろう。

君たちもその程度の人間で終わったらダメなんだ。

今から世界史を好きになれというのは無理かもしれない。しかし、世界史を覚えておくことは意味のあることだということが分かれば、覚える気にもなるよね。

ここで一つだけ年号を挙げるとすれば、一六四八年。これは世界史において決定的に重要な年なんだ。

それは何かというと、これは三十年戦争が終わって、ウェストファリア条約が結ばれた年だ。ウェストファリア条約によって宗教ではなくて、国家というものが国際政治の主体になった。この条約によって、近代的な国際関係の基盤が生まれてきたのだから、この一六四八年は世界史を理解するうえでの、大きなマイルストーンになる。ウェストファリア条約前と後では決定的に西欧社会が変わってきたというわけだから、これを知っているか知らないかで世界史の見え方が変わってくるぜ。

円環の時間を生きる日本人

ちょっと話は脱線するけれども、ここで歴史というものを考えてみよう。

K君、君は紅白歌合戦を見たことがある？

学生　はい。

あれを番組としてどう思う？

学生　あんまり面白くなかったです。

そうだよな。実に稚拙な作りだ。でも、日本中の人が見ているよね。なぜだと思う？

学生　分かりません。

実はあれ、宗教行事なんだよ。

ポイントは十一時四十五分なんだ。紅白歌合戦で人為的なカオスを作って、最後に出演者みなで「蛍の光」を歌って番組が終わる。それが大晦日の十一時四十五分。ちなみに「蛍の光」の原曲はスコットランドの民謡だけれども、日本においては国防歌謡でもある。ほとんどの人は知らないけれど、四番の歌詞は「千島《ちしま》の奥も沖縄も八島《やしま》のうちの護《まも》りなり」となっている。で、その「蛍の光」が終わると、番組が「ゆく年くる年」に切り替わって、「滋賀県、三井《みい》寺《でら》です」という実況中継が始まって、除夜の鐘の音が流れてくる。これによって混乱のカオスから秩序のコスモスを作り出す。すると日本人は「新しい年が始まった」という気になって、初詣に行くわけ。

私はイギリスで生活をしているときも、ロシアで生活をしているときも、一月一日になった

初詣

からといって正月の気分にはならなかったね。日本とイギリス、日本とロシアとでは時間の流れ方が違うわけだよ。

我々の時間は円環をなしている。一年が経って正月になると、新しい時間に切り替わったような気になる。だから、どこかで人生はやり直し可能だと感じるわけだ。

欧米の時間には「終わり」がある

しかし、ヨーロッパやアメリカでは時間というのは円環じゃない。時間がスタートした瞬間が遠い過去にあって、それからずっと時間は続いているのだけれども、いつかゴールを迎えるという感覚がある。こうした時間の流れを古代ギリシャ語では「クロノスχρόνος」と言う。終わりは「テロスτέλος」だ。この感覚はユダヤ教にもあるし、キリスト教にもあるし、イスラム教にもある。世界は神によって造られ、いつかかならず終末が来る。そのとき時間は終わるわけだ。でも、それは破滅ではなくて、ゴールなんだね。だから英語の「end」には、「終わり」という意味と同時に「目的」という意味もあるでしょう。

欧米の文明が退潮して、中国の力がついているといっても、まだまだ近代というものは欧米を基調にできている。たとえば、この教室には和服を着ている人は一人もいない。みなさんが洋服を着るのは強制されているから？　違うよね。なんとなく着ている。洋服を着るのが当たり前だと思っている。

それはなぜかというと、欧米型の近代が入ってくると、和服で工場に行くと機械に巻き込まれるし、エレベーターや電車のドアに挟まれる。だからおのずから産業社会にふさわしいスタイルの服になっていくわけだ。そういった形で我々の生活のありとあらゆるところに欧米文明は侵入している。だからヨーロッパやアメリカがつくっている基本原理について理解しないといけないわけだ。

すぐに役立つことは、すぐに役立たなくなる

我々神学部にいた人間というのは、他の学部と比べると、役に立たないことばかりやっている。役に立たないことが、中長期的には役に立つ。「すぐに役立つことは、すぐに役立たなくなる」と言ったのは小泉信三《こいずみしんぞう》。慶應義塾大学の塾長を長くやっていた経済学者がそう言っているけれど、それは本当なんだ。

話を戻せば、ユダヤ教とかキリスト教とかイスラム教の時間というのはスタートがある。それと終わりがある。こういう、流れていく時間をクロノスという。終わりをテロスという。

こうしたクロノスやテロスに対して全然別の時間概念がある。上から介入してきて、そのことが起きる前と起きたあとで世界の形相がまったく違ってしまうという「時」がある。時刻の「刻」のほうがいいかな。刻《きざ》みつけるという意味だし。これを英語ではタイミング、ギリシャ語で「カイロスκαιρός」と言います。

たとえば同志社大学の受験の日というのは、一般受験をした人にとってはカイロスだ。その入試の前と後で、自分の人生が違ってくるから。あるいは初めてデートをしたときもカイロス。その前と後で違う。

一九四五年の八月十五日は、日本人にとってはカイロスだよね。ところが、この日は国際法的には何の意味もない日なんだ。国際法的に意味があるのは一九四五年の八月十四日。日本が中立国のスイスを通じて、アメリカ、イギリス、ソ連、中国に「ポツダム宣言を受諾する」と伝えた日。国際法的にポツダム宣言の受諾をしたのは八月十四日です。そして、降伏文書に調印したのは九月二日。この日に東京湾上のミズーリ号の船上で、調印をした。それだから国際法的には対日戦争の終結は九月二日になっている。八月の十五日が終戦と書いているのは日本と韓国と北朝鮮だけ。

ちなみに韓国では、八月十五日は光が復活する「光復節《こうふくせつ》」と言う。だが、今我々がタイムマシンに乗って一九四五年八月十五日のソウルに行ってみたとしたら、そこでは玉音放送を聞きながら朝鮮人は涙を流しているよ。当時の朝鮮半島は大日本帝国の一部で、朝鮮人は「外地市民」という扱いだったけれども日本国籍を持っていた。だから、玉音放送を聞いて「自分たちは負けたんだ」と感じたんだね。

ところが、その二日後の十七日になって「連合国は朝鮮を独立させる方針である」というニュースが伝わったからみんな万々歳だ。つまり、歴史の実相に照らし合わせれば、当時の朝鮮人にとってのカイロスは八月十五日というよりも、十七日なんだね。

年号に込められた「カイロス」を理解する

歴史の授業でなぜ我々は年号を教え込まれるのかというと、それはカイロスを知ることだからだ。年号というのは単なる数字じゃない。その前と後で何かが変わったということを意味し

ミズーリ号上の降伏文書調印式

ている。だから、それを理解しないと年号はただの数字になってしまうわけ。逆に言うと、その年号の持つカイロスを理解すれば、世界史は「意味のある学習」になる。そうすればどんどん頭に入ってくるよ。

では、具体的にどうすれば世界史を学べるか。高校の教科書を読めばいい。といっても、普通の教科書ではなくて、山川出版社から出ている**『書きこみ教科書詳説世界史B』**（石井栄二編）を使う。重要用語が空欄になっているから、そこにどんどん自分で答えを書き込みながら読んでいくと、単に教科書を読むより記憶に残る。それが終わったら同じ山川の**『世界史問題集』**をやると、もっと知識は定着する。あちこちで同じことを言ってきたら、ときどき「あれで勉強し直してよかった」という感謝のメールが届くようになった。

ちなみに、五点しか取れなかった早稲田の学生たちは、試験をやり直したら平均点が九五に上がったよ。そのあと、半年くらい経って、もう一回抜き打ちテストをやったけれども、下がらなかった。動機が裏打ちされた学習をすれば記憶に定着する。勉強法なんかよりも、まず動機が大事なわけだ。

※21ページの問題の正解

（1）一七八九年（2）一九一七年（3）一九九一年（4）一八六八年（5）一六四八年（6）一四九二年（7）一九三九年（8）一九四一年（9）一九五六年（10）一九七三年（11）一九四一年（12）一九一四年（13）一九七二年（14）一九三九年（15）一九四五年（16）一九三六年（17）二〇〇一年（18）一六〇〇年（19）一九五二年（20）一九四五年

Ⅱ 「国際基準」の人材になるための必須条件とは

二〇二〇年、大改革が始まる

さてそこでみなさんを脅したいわけじゃないけれども、今、動機をもって勉強するかどうかで二〇年後の人生がまったく違ってくる。S君、会社に入ったら定年は何歳?

学生　六〇歳……かな。

一般企業は六〇歳だと思っているでしょ。甘い。まともな一部上場企業に入ったとしたら「役職定年制」というのがある。だいたい五三歳から五八歳の間で幹部にならないと、子会社に出向するか早期退職を勧奨される。そうでなければ事実上、平社員に降格で、五〇歳を過ぎて「はい、おじさん、これ、コピーしておいてくださいね」ということを二〇代の社員からやられることにもなりかねない。つまり、「それがイヤだったら、さっさと早期退職してくれ」ということだね。

これは理科系でも同じ。だから実際、定年まで思ったように仕事をやれる人というのは、ほとんどいない。それが現状だ。

しかも君たちにはそれに加えて、もう一つ、やばい状況が待っている。日本の大学入試制度が近く変わるのは聞いたことがあるよね。E君、どういうふうに変わるか知っている？

学生　いつからかは知らないけれど、センター試験がなくなるっていうのは聞いています。

二〇二〇年度に大改革が行なわれるんだ。これまでも試験制度はいろいろと改定されてきたけれども、今回のは深刻なんだよ。

Fさん、私やあなたの受けてきた入試の形は、いつごろ決まったものだと思う？

学生　五〇年くらい前？

五〇年も経っていない。一九七九年にできた。正確な年を言えるのは、実は私が同志社に入学したのが、この一九七九年だから。センター入試の前身の共通一次試験というのが導入されたのがこの年だった。

この入試改革によって、偏差値による大学の序列化が急速に進んだ。私が受験生だったころは、予備校で志望校に「同志社大学神学部」と書いて提出したら、「判定不能」という結果が出てきた。その当時の予備校には同志社の神学部の情報はまったくなかったわけ。だから、合格可能性があるのか、ないのかという判定ができない。

「アトム化」された日本の大学

ところが、今は違う。同志社大学神学部の偏差値はこのくらいだというデータが完璧に収集されているから、判定不能なんて結果は出ない。入学最低点はこのくらい

そういう点ではひじょうによくなったとも言えるんだけれども、もちろん弊害はある。T君、その弊害って何だろう?

学生　うーん。

偏差値による大学の序列化。関西にいる皆さんには、その実感が薄いのだけれども、関東の大学は完全に偏差値によって輪切りにされている。

たとえば、かつては早稲田を志望する学生と慶應を志望する学生はくっきりと分かれていた。自分は早稲田の校風がいい、慶應の校風に憧れている……そういうことで受験先を決めていたけれども、今は偏差値で数値化されているから、早稲田と慶應は完全に同列化、輪切り化されてしまった。アトム化されてしまったわけだ。

これは早稲田と慶應だけの話じゃないよ。今の時代、「明治の校風がいいから」とか「駒澤には仏教精神があるから」と言って入る学生はほとんどいない。同じ学部に受かったら、偏差値の高い大学に行くというのが当たり前に行なわれているのが、今の関東の大学事情だ。

でも、関西は違うよ。早稲田や慶應に受かっていても、同志社に来る人はいっぱいいる。偏差値としては早稲田や慶應のほうがいいかもしれないが、でも、同志社には独特の校風が今でもある。そういう意味で、この学校は例外的存在であるわけだよ。

私はなにも贔屓《ひいき》の引き倒しをするつもりはないけれども、実際のところ、同志社を出たことで引け目を感じたことは一度もない。

私は外務省にノンキャリア、つまり専門職として入ったけれども、その専門職でも早稲田、慶應、東京外大、それと東大と京大、この五つの大学で七割を占めていて、「同志社ってどこにあるの？」っていう感じだった。それでも通常ならば一四年目からキャリア扱いの登用選考の対象になるのを、一三年目でキャリア扱いになった。そのような評価につながったのも、同志社の教育がよかったからだと断言できる。

国際基準から逸脱している日本の大学生

話を戻すね。

一九七九年の共通一次試験導入の結果、日本の大学では偏差値による序列化が進んだわけだけれども、その結果、何が起きたかというと、文科系の質の低下なんだ。

というのも、偏差値がモノを言うようになった結果、どこの大学も自校の偏差値を少しでも上げたいと考えるようになった。で、そうするのにいちばん手っ取り早い方法は何かというと、入試科目から数学を外すということだったわけ。

なぜかというと、文科系の学生は一般的傾向として数学の点数が低い。だから、入試に数学を入れていると、合格最低点が下がるわけだね。だから、数学を外す。そうすれば外形的に見れば、合格者の平均点は上がり、学校の偏差値は上がったことになる。試験科目から数学を外すと、だいたい偏差値は自動的に三から五、上がると言われている。

でも、そうした結果、何が起きたと思う? Mさん。

学生　数学の苦手な大学生が増えた?

そのとおり。中学段階の数学でつまずいている経済学部や商学部、経営学部の学生が存在するという、国際基準では考えられないことがあちこちで起きているわけ。同志社も例外ではなくて、経済学部よりも商学部のほうが偏差値が上がった。

私たちの頃は、経済学部の学生というのは商学部の学生に対してはひじょうに鼻っ柱が強かった。だから今は経済学部のOBたちは不満たらたらだよね。「いったい、うちの経済学部はどうなっているのか」と。逆に商学部のOBたちは鼻高々にしている。

でもね。その結果どういうことが起きたか。一九九九年、今からだいたい二〇年前に『分数ができない大学生』(岡部恒治ほか。東洋経済新報社)という本が出た。I君、二分の一プラス三分の一はいくつ？

学生　六分の五です。

正解だ。だが、この問題を「五分の二」と答える大学生がどれくらいいると思う？　その本によると、約一七パーセントいるという。今はもっと増えているのかもしれない。

新興私立の中高一貫教育に潜む欠陥

なぜ、こういうことになるのか。私の見立てだけど、これは新興の私立の中高一貫教育の欠陥によるところが大きい。

こうした学校では、中学校の一、二年生のときに、数学の適性を見る。そのときに「適性なし」と判定されると自動的に私立文系にクラス分けされる。数学がダメだったら、理系はもちろん、東大や一橋などの国立文系も望みがない、つまり、学校の進学率が下がるというわけだよ。だから、こういう学校では数学は最初から捨てて、英語と国語、そして社会を重点的に教えて、数学や理科はぜんぜんできていなくても、単位を与えるわけ。この結果、高校を出ても理科系の基礎がまったくない学生が生まれてしまった。

もちろん、これは学生の責任じゃない。教育システムの問題だ。特に悪いのは新興の中高一貫校だ。

ちょっと前に『ビリギャル』という本（『学年ビリのギャルが1年で偏差値を40上げて慶應大学に現役合格した話』KADOKAWA）が話題になったでしょ。映画にもなった。さやかちゃんという、ギャルをやっている女の子が、高校二年生の秋から頑張って慶應のSFC（湘南藤沢キャンパス）に入ったというので注目を集めたけれども、昨今の入試事情を知っていたら、これはそんなに希有なことじゃないことが分かる。

理由は三つ。

第一に彼女の家にはカネがある。さやかちゃんは私立の中高一貫校に通っているので、年間一〇〇万の授業料が払える家庭だということが分かる。本の中では、塾の特別コースに行くために生命保険を解約したと書いてあるけれど、たぶんそれは一〇〇万円くらい。教師がつきっきりで面倒を見てくれるので一番効率がいい。生命保険を解約したとはいえ、多少、無理してもそれが出せる家庭環境だというのは大きい。

二番目は、親が「モンスターペアレント」だった。勘違いしてもらったら困るんだが、モンスターというのは非難する意味で使ってるわけじゃない。今の学校体制では忌避される親という意味だ。

本の中にこういう話が出ているんだ。さやかちゃんが学校でタバコを持っていたのを見つかって停学処分になったと。そのとき、教師から「このタバコを誰からもらったんだ？　きっと仲良しの友だちからだろう？」と聞かれた。

それを知った親が学校へ乗り込んで行って、「お前の学校は人を売ることを教えているのか？」「娘を人を売るような子にはしない」と抗議した。そのことを本の中では、「それくらい子どもに対する愛情にあふれた親だ」というふうに書いてある。たしかにそうだけれども、でも、学校の側から見たらどうなると思う？　F君。

学生　モンスターペアレントです。

学校が「もし、この子を退学や停学処分にしたら、訴訟を起こされるリスクがある」と思っても無理はないよね。

なぜ「ビリギャル」は慶應SFCに入れたのか

この後、さやかちゃんは塾に通うようになって、タバコとは縁が切れた。塾に通う前は、「聖徳太子」を「せいとくたこ」と読んだというから、学力は小学校四年生くらいだった。慶應SFCに入学させるために、塾は独自のカリキュラムを組んだわけだけど、それをこなすには睡眠時間を削るしかない。朝の五時まで起きていないと塾の宿題を片づけられない。

というわけだから、当然、学校に行っているあいだは寝ているわけ。でも、学校としては敷地内でタバコを吸われるよりは、授業中におとなしく寝てくれるほうがありがたいので、そこのところは言わない。これ以上、親から抗議を受ける前に早く卒業させたいから無条件で単位を与えよう——そういう判断を学校はしている。

三番目の要素は、彼女が中学受験を経験していたということだよ。中学受験をしたということは、小学校の最後の二年間くらいは集中して机に向かった経験はある。

また、『ビリギャル』の著者の坪田《つぼた》信貴《のぶたか》氏が書いているけれども、彼が「さやかちゃん」と話しかけたらちゃんと返事が来た。つまり、コミュニケーション能力は身についているし、素直な子だというわけだ。だから、学習についての潜在能力はあった。

実際、彼女は慶應SFCに合格できたわけだけど、ただ問題なのは、ここの受験科目は英語（外国語）と作文（小論文）しかないということなんだ。

つまり基礎的な数学能力、つまり論理能力は問われないわけだし、社会科もやっていないから歴史や地理についての基礎教養もない。そういう若者にはたして四年間でバランスの取れた教育を受けさせることができるかということが大学に問われているわけ。正直言って、それはきわめて厳しい。

このさやかちゃんが現在は何をやっているかはネットで調べればすぐに分かるから興味がある人は検索したらいいけれども、彼女は大学に入ってから授業についていくのは大変だったんじゃないかというのは容易に想像できる。でも、日本は学歴社会ではなくて、「入学歴社会」

だから、それでも何とかなるんだよね。

同志社創立者・新島襄は劣等生だった

一方、わが同志社大学はどうか。

そこで質問なんだけれども、Wさん、同志社の創立者の新島襄《にいじまじょう》はどういう履歴の人。そもそもどこの出身か知っている？

学生　……知りません。薩摩藩ですか？

薩摩藩！　ここがポイントなんだけれども、むしろ新島襄は薩摩や長州が嫌いなんだよ。同志社の今出川キャンパスは昔、薩摩藩邸のあった場所だけれどもね。

新島襄は群馬県の安中《あんなか》藩出身で、佐幕派だった人なんだ。これは新島に限った話ではなくて、明治のキリスト教者たちの特徴はアンチ「薩長土肥《さっちょうどひ》」。みんな明治新政府が嫌いなんだ。

どうしてかというと、明治新政府は自分たちの人脈で――具体的には薩長閥で――官僚や軍人を任命して、佐幕派はみな冷遇された。その結果、佐幕派で優秀な人たちは教育か宗教に活躍の道を見出すことになった。だから、明治のクリスチャンには薩長に対する強烈な反発が共通している。

新島襄の伝記について一言コメントしておくと、同志社は新島神話がちょっと強すぎて、同志社関係者が書いた本では、ロクな評伝がないんだ。唯一まともなのは、和田《わだ》洋一《よういち》先生という文学部社会学科の先生が書いた伝記（『新島襄』）。これはすごくいい本だから、岩波現代文庫に頼んで入れてもらった。ぜひ読んでおくといい。

で、新島襄は幕末にアメリカに渡って、アーモスト（アマースト）大学を卒業するんだけれども、日本から岩倉使節団が来たので、新島が通訳をやることになった。そのときに初代文部大臣の森有礼《もりありのり》——彼は薩摩だよ——が新島にこう言った。「国禁を破ってアメリカに密航したわけだから、本来ならば死刑だが、それは免じてやる」と。その当時、新島はハーディという人から学費の援助を受けて学んでいたわけだけれども、森有礼は「アメリカ人の世話になるな。日本政府が全額支払ってやる」と言うんだね。そうしたら、新島襄は怒った。そのときにハーディさんに書いた手紙が残っているけれども、「同じ信仰の同志として私を支援してくれているハーディさんから援助してもらうことを自分は全然恥に思わない」とね。

佐幕派だった新島襄からすれば、薩長閥が維新政府を私物化しているのに我慢がならなかったのだと思う。

新島襄

でも、実は新島襄は劣等生だったんだよ。彼はアーモスト大学で日本人として初めての学位を取得するんだけれども、取得できたのはB・S、つまり理学士号（Bachelor of Science）だった。本当ならばB・A・S、文理学士号（Bachelor of Arts and Science）を取得するはずだったのだけれども、文科系の基礎教養がなかったので、理科系の学士しかもらえなかったんだよ。

「武士の教養」では国際基準に通用しない

でも、これは新島だけが悪かったのではなくて、当時の日本の武士の教養では、欧米の大学の文科系のコースはこなせないんだ。

『代表的日本人』などを書いた、明治の思想家に内村鑑三《うちむらかんぞう》という人がいる。彼は新島襄よりも二〇歳近く年下なんだけれども、やはりアメリカに留学した。そのときに新島襄は新渡戸稲造《にとべいなぞう》から頼まれて内村をアーモスト大学に入れるんだけれど、やっぱりB・A・Sが取得できなくてB・Sだった。内村は札幌農学校を首席で卒業して、ちゃんとした高等教育を受けていたのだけれども、その内村でもアーモスト大学でB・A・Sを取れなかった。

それを見た新島襄先生が考えたのは「自分は頭が悪いわけじゃないし、努力をしていないわけでもない。それは内村も同じだ。なのにアーモスト大学で落第したのは日本の教育のシステムがあまりに違っているせいだ。自分のような思いをせずにすむように、総合大学を作りたい」ということだった。

当然ながらそれは、東大のような、国家が作った大学とは違う。帝国大学は新政府の役に立つ人材を作るための官僚養成機関だからね。新しい大学は幅広い教養のベースとしてのキリスト教主義に基づく大学でなくてはならないし、国際主義に基づくものでないといけない。そしてそれは同時に愛国的でないといけないと新島先生は考えた。

勘違いしている学生がいるかもしれないけれども、同志社大学はミッション・スクールではないよ。ミッション・スクールのミッションは「宣教団」のこと。宣教団は、アジア諸国を植民地化するうえでの尖兵《せんぺい》として、現地人をキリスト教化していくために作られたもので、ミッション・スクールもそのためにあるわけ。同志社はミッションからおカネはもらったことがあるけれども、あくまでもキリスト教主義の大学で、宣教団の言いなりにならなかった。

で、新島先生はその大学構想を発表するんだけれども、それを換骨奪胎《かんこつだったい》して福沢諭吉《ふくざわゆきち》が慶應義塾大学を作った。私学の総合大学としては慶應義塾のほうが早いけれども、構想としては同志社のほうが早いんだ。ただ、慶應には医学部があるけれども、同志社には医学部がない。新島先生は医学部も作りたかったんだけれども、私はいまの同志社の形でよかったと思っているよ。

それはさておき、新島先生の構想に基づいて生まれたのが同志社大学で、だから、この大学は「自分の頭で考える」というのをモットーにしているのが特徴だ。O君は一般入試だよね。数学の問題はどんなだった？

学生　大問《だいもん》別の記述でした。

そう。記述式で、しかも大問方式を採っている。

採点する側からすればマークシートのような選択式かつ小問式のほうがずっと楽なんだ。でも、それだと、その受験生が自分の頭で考えているのか、それとも参考書を丸暗記して答えているのかが分からない。

その点、記述式ならば答えは間違えていても、答えを導き出すプロセスがちゃんとしているのだったら部分点をつけられる。あるいは出題者がまったく想定していないアプローチで正しい答えを導いているという気づきもある。こういう方式の試験でやっていくのは同志社の伝統なんだ。こういう試験を通過してきてよかったということを、今から一〇年、二〇年経つときっと思うだろうね。

なぜ外務省研修生はモスクワの大学を「退学」させられたか

でも、この中には数学の受験なしで大学に入ったという人もいるだろう。そういう人たちは引け目に感じる必要はないよ。大学に入ってからでも、数学を学び直せるわけだから。

そこでちょっと外務省の話をしよう。私が外務省で研修指導官をやっているときに、こんなことがあった。

外務省の研修制度は他の省庁や商社と比べものにならないほど優遇されている。論文やレポートなどを提出しなくてよくて、とにかく語学だけをマスターしろということで二年から三年間、留学できる。しかも外務省は在外勤務の手当がひじょうにいいので給料の手取りが増える。新卒でストレートに外務省に入ったとすると、語学留学するのはだいたい二四歳のころで、手当込みで一ヵ月の給料が六〇万円弱になる。ボーナスも出るから二〇代後半では確実に年収一〇〇〇万円を超えるね。しかも、外交特権を付与されているので、現地での買い物は何でも無税。缶ビールは一本四〇円の世界だから、むちゃくちゃカネが貯まる。高卒で外務省に入って、三〇歳前にポルシェに乗っているやつなんかざらにいる。そういう役所なんだ。

それで私が指導官をしたのはモスクワへの研修生。二人はモスクワの高等経済大学。ここはエコノミストや官僚をたくさん輩出している国立のエリート大学なんだ。で、もう一人はモスクワ国立大学の地理学科に送り込んだのだけれども、三人とも学業不振で一年で退学になった。

これは私の愛国心をいたく刺激した。三人とも日本の超難関大学を卒業して、外交官試験に合格しているのに、なぜこういうことになるのかと思って、大学に聞きに行った。
するとと返事はこうだった。

この学生たちはロシア語に関しては問題ない。むしろ優秀である。しかし、できないことが三つあって、そのために退学させざるをえなかった。

一つ目は数学。偏微分方程式が出てくるともうお手上げ。それから行列、数列もダメなので線形代数は当然、分からない。

二つ目は論理学。といっても、むずかしい直観主義的論理学のような話ではなくて、ごく基礎的な古典論理学が分かっていない。つまりアリストテレスの同一律、矛盾律、排中律《はいちゅう》という基本の基本ができていないから、教室でのディベートに参加できない。

それから三つ目は哲学史の知識。過去にどのような命題をめぐって論争が行なわれたかを知らない。つまり、思考の鋳型《いがた》ができていないので、いつも無手勝流《むてかつりゅう》の議論をする。これでは大学の講義を理解することも、自分の頭で考えることもできない。

世界スタンダードの教養を身につけるには

私が話を聞きに行った高等経済大学の相手は元副首相を務めていたエコノミストだったんだけれども、彼はこう言ったよ。

「留学生たちはみんな地《じ》頭《あたま》は悪くない。だが日本の教育システムは我々のそれとは大きく違っているんじゃないか。我々の大学はロンドン・スクール・オブ・エコノミクスとも提携して、単位の交換もやっている。つまり西欧のスタンダードに合わせてカリキュラムを作っているのだが、どうも日本の教育はスタンダードが違うようだね」

これにはさっきも言ったように、私の愛国心はひどく傷ついた。そこでそれから以後は外務省の研修指導の際に、数学、論理学、哲学を学ばせた。

数学は『**大学への数学**』シリーズ（研文書院。現在は絶版）を数Ⅲまで勉強してもらった。それに大学レベルの経済数学を勉強してもらうようにした。

論理学については、野《の》矢《や》茂樹《しげき》さんの『**論理学**』（東京大学出版会）を使った。この本は記号論理学を扱っているんだけれども、もし、論理記号が数学みたいでイヤだという人には同じ野矢茂樹さんの『**論理トレーニング101題**』（産業図書、写真）を薦めた。こちらは論理記号を使わず、日常言語で論理学を扱っていて、なおかつ解答も全部ある。ただし、これだけだと古典論理学とは異なる直観主義は学べないので、最新の論理学がカバーできない憾《うら》みがある。

それから哲学については、高校の倫理の教科書をきちんと

勉強しなさいと言った。山川出版社から『**もういちど読む山川倫理**』（小寺聡編）という本も出ているから、これも役に立つ。

外務省に入ってくるくらいの人たちだからそれなりに成績はいい。二年間くらいは毎日五時間、土日は一〇時間くらい勉強しないと、外交官試験は合格しないからね。机で集中して勉強する習慣は身についているから、この欠損はすぐに解決できた。

なぜ名桜大学の偏差値は急上昇したか

でも、外務省のような偏差値秀才が集まっているところでしかそれは通用しないのかといえば、そんなことはないよ。私は同志社大学以外に、沖縄の名桜《めいおう》大学という公立大学で客員教授をやっている。そこでやっていることが同志社の教育に役立つと思うから、詳しく紹介してみよう。

名桜大学は二〇一〇年までは第3セクター方式の経営だったんだけれども、一時期は三八くらいまで偏差値が下がってしまって、潰れる寸前まで行った。それが今では偏差値が一五以上アップして、国立の琉球大学とほぼ並ぶところに来ている。近く、琉球大学を抜くだろう。今年（二〇一七年）は東京都の上級職員に一人合格した。これは沖縄のような地方大学では考えられないことだ。

では、いったいどうやったのか。

といっても、もともとは潰れかけの大学だったからカネがない。てこ入れしたくても財政赤字がひどいから何もできない。

だから、学生の力を借りることにした。具体的にはまず入学時に学力チェックをやって、たとえば中学の数学でつまずいているということが分かれば、数学ができる先輩がチューターとなって、全員が数ⅡBまでできるようにした。学力のチェックは**数学検定**を活用する。数学検定の三級がだいたい中学三年生レベルだから、まずそれを取らせてから、準二級（高一程度）、二級（高二程度）と進む。

チューターには学校がバイト代として時給一二〇〇円を出す。その中でもきちんと教えられる学生はＴＡ（ティーチングアシスタント）にする。ＴＡというと、たいていの大学ではせいぜい出席を取るとか、コピーを配るくらいしかやっていないけれども、名桜の場合、ＴＡはきちんと講義ができるんだ。

私が教えているクラスは文科系だけれども、数学検定の準一級、すなわち数Ⅲまでマスターできていた学生もいたよ。

名桜大学では、同じように英語のチェックもする。それで**英語検定**の準一級までを取らせることを目標にしてやっている。

それから名桜大学は独自のネットワークを作った。カナダの、年間の授業料が五〇〇万円、六〇〇〇万円する大学と提携して、名桜大学の学費五三万五八〇〇円さえ払えば、先方の授業料支払いが免除される交換留学制度を充実させた。

もう一つ、就職試験対策として琉球朝日放送の記者を引き抜いて、就職試験で勝てるレポートや作文の書き方といった指導をした。また、学術的な論文であっても読みやすくないといけないから、「読みやすさ」という観点からの指導をきちんとした。

そうしたことを地道に積み重ねていった結果、名桜は偏差値が向上して、なおかつ就職率もよくなったというわけだ。

それがこの大学が急速に偏差値が向上して、なおかつ就職率がよくなった秘訣だ。

しかし、それにともなって問題も起きている。

というのも、口コミで評判が広がってしまって、本土からの学生がどんどん増えてしまった。今では本土出身者が五割になっている。東京の私大は授業料が高いし、生活費もかかる。沖縄だったら学生マンションが三万円くらいで借りられるし、生活費も少なくてすむ。学業と両立できるアルバイトのシステムがある。しかも教育の内容がよくて、就職率もよいとなると、選ばない理由はない。

しかし、大学側としては沖縄の公立大学である以上、沖縄県出身者がこの調子でどんどん減ってしまうと存在意義を問われることにもなりかねないので、偏差値がこのまま上がって、就職率がさらによくなるのも痛《いた》し痒《かゆ》しというジレンマを抱えているわけだ。

だが、こうした教育は何も沖縄じゃないとできないという話じゃない。同志社でも同じような制度を導入して、システム化すれば、もともとみんな根っこのところで頭がよいのだから文科系でも全員が数Ⅲまでマスターするというのはけっして大変なことじゃない。

医者や弁護士は将来、貧困ビジネスになる

数学に関して、もう一つ話をしよう。

さっき、二分の一プラス三分の一を「五分の二」と答える大学生が約一七パーセントいるという話をした。その理由が私立の新興中高一貫校の教育体制にあるということも話した。しかし、同じ中高一貫校であっても公立の学校は、ひじょうにバランスのとれたいい教育を受けている。

日本の教育の問題は、中学校と高校のカリキュラムがきちんと接続していないところにある。要するに、中学と高校の重複がありすぎる。中三までに勉強したところを、もう一回、高校入学後にやり直している。そこのところを整理すれば、中学入学から高校卒業までのカリキュラムをこなすには六年は要らない。だいたい四年半もあれば片づく。つまり高校二年の途中

からはそれまでの勉強を復習するという形での受験体制が取れる。文科系か理科系かという選択はその時点でやればいいから、特定の科目を軽視するということにもならない。

公立の中高一貫校はそういう教え方をしているから生徒の質もいい。私の教え子にもそういう学校の出身者はいるよ。

そういうふうに見ていくと、いかに従来型の高校教育が時代に合っていないかも分かると思う。

最初にも言ったように私が卒業したのは埼玉県立浦和高校だけれども、いわゆる進学校なんだ。その縁で、浦和高校にときどき講演に行くのだけれども「将来何になりたいか」という話を聞くと、弁護士か医者か公認会計士なんだね。それで私は言うわけ。

「どれも貧困ビジネスに陥《おちい》る可能性があるよ」

まず公認会計士だが、これは試験に合格しても資格が取れない。試験に合格したあと監査法人に二年間勤めないといけない。でも今、監査法人に就職できるのは合格者の八割で、残りの二割は、あれだけ難解な試験に合格しても就職できなくて、資格が取れないんだ。

それから弁護士だけれども、今は法科大学院まで行って司法試験を受ける。同志社はそんなに授業料は高くないが、奨学金だけに頼って勉強したら、だいたい三〇〇万から四〇〇万は借金を背負うと言われている。これが司法試験合格後にのしかかってくるわけ。毎年、司法試験に合格した若手弁護士が、全国で五〇人、六〇人と辞めているという現実がある。それはなぜかというと「貧困」。弁護士であるために、かならず弁護士会に所属しないといけないけれども、その会費が毎月五万。この会費を納められない弁護士がそれだけいるということ。

公認会計士や弁護士は明らかに作りすぎなんだ。医者はそこまでの状況にはなっていないけれども、都市部での競争ははげしいから、親の病院を継ぐということでもないと開業はむずかしい。では、病院の勤務医はどうかというと、生涯収入は総合商社や新聞社のほうがずっといいのが現状だ。

でも、浦和高校あたりの親は昔の職業観をそのまま持っているから、子どもを医者や弁護士にさせたがるわけ。だからこれは親の情報格差の問題で、自分たちが子どもに何を与えるべきなのかをよく分かっていないわけだ。

その点、子どものほうは現状がよく分かっていて、賢い子はかならずしも東大を志望校にしない。私が「ちょっとこいつは面白いな」と思った灘《なだ》高生はイエール大学に入ったよ。灘高からイエールに行ける枠が一つあったので、それを使ったんだ。でも、本人いわく「東大に受からなくてイエールに行ったと思われるのは癪《しゃく》だから、いちおう東大の文Ⅲも受けて合格しました」。これからはこういう学生が増えていくんじゃないかと思っている。東大に行ったからといって教養が身につくという保証はないからね。

Ⅲ　これからは「文理融合」の教養が求められる

今の大学入試制度は末期の零戦だ

さて、そこで君たちが受けてきた学校教育の話をしよう。

かつて零戦《ゼロ》という飛行機があったのは君たちも知っているよね。O君、どういう飛行機だったか説明できる？

学生　**ええと、戦艦に突っ込んだ……。**

それは最後の沖縄戦の頃だ（笑）。じゃあ、なんでゼロっていうの？

学生　**皇紀《こうき》ですよね。**

そう。では皇紀って何？

学生　**神武《じんむ》天皇の治世から始まっている……。**

そう。神武天皇が日本を建国したときから数えるのが皇紀で、零戦が制式採用されたのが皇紀二六〇〇年、西暦で言うと一九四〇（昭和十五）年だった。「金鵄《きんし》輝く　日本《にっぽん》の　榮《はえ》ある光」

マイナーチェンジを繰り返したゼロ戦

……当時の大ヒットソングに「紀元二千六百年」というのがある。その年にデビューした飛行機だから零戦なんだね。

この零戦、マイナーチェンジだけで終戦までの五年間使ったんだ。十一型、二十一型、三十二型、五十二型、五十三型、五十四型、六十二型、六十三型、六十四型。こんなにもマイナーチェンジをしているのは、それだけ名機であったということを意味しているのだけれど、最後の二年はアメリカの新鋭機に全部やられている。でも軍部は「この飛行機は素晴らしいから」と後継機の開発を怠《おこた》って、マイナーチェンジで凌《しの》いできた。

実際、零戦は、最初の二年間は強い戦闘機だったぜ。しかし、戦争の終わりになるとアメリカのノースアメリカン社製のP－51マスタングといった戦闘機には全然対応できなかった。ただひたすら撃ち落とされ、ついには爆撃機のB－29からも撃ち落とされるということにもなった。一般論として戦闘機が爆撃機に撃ち落とされるなんてありえない話なんだが、そのくらい零戦は時代遅れになってしまった。

今の日本の教育はそれに似ているんだ。

零戦にたとえて言うならば、君たちが学んできた学校教育は一九七九年型。前にも言ったように、この年に今日のセンター試験の前身にあたる全国共通一次試験が導入された。その枠組みはそのままで、いろんなマイナーチェンジをしてきて四〇年近く続けてきた。

AO入試を入れるとか、内部進学の比率を高めるとか、一九七九年型の試験制度をいろいろな形で変更しているけれど、どれも微調整にすぎない。アクティブラーニングだとか、双方向性授業だとか、あるいは私みたいな外の人間を連れてきてこういった講義をやるのも微調整なんだ。本質はそんなに変わっていない。

独自の入試問題が作れなくなった大学が増えた弊害

でも、そういう微調整だけではどうにもならなくなってきているのが現状。

この教室で、センター入試で入った人はいる？　あまりいないね。うちはセンター利用が少ないんだよね。独自の問題を作る体力があるから。

今、独自の入試問題が作れなくなって、センター試験に依存する大学がどんどん増えてきている。これも一九七九年型の弊害。

というのも、自前で大学入試の問題を作れるということは、高校の学習指導要領をきちんと理解しているということ。つまり、入学試験を作れる大学はそれだけ高校と大学の接続がちゃんとできているということになる。

これをセンター試験に丸投げして、自前でやるのは小論文と面接というふうにするのは、大学側にとっては楽でいいんだけれども、それでは高校で今、何を教えているのか、また高校生が何を不得意としているのかが分からない。つまり昔の常識のままで講義をやっちゃうものだから、結果として学生をスポイルしている。

私と君たちとでは、だいたい三十数年、四〇年近く年が違うわけだけれども、私たちの学生時代には数学では非ユークリッド幾何学、リーマン幾何学を数ⅡBで習った。また偏微分方程式も数Ⅲで習った。また写像も勉強した。でも今はそういうのを教わらないだろう？　そういう「常識」を大学側が知らないものだから、さっき話した、偏微分方程式が分からないでロシアの大学を退学になった研修生みたいなのが生まれる。大学がきちんとそういう状況を知っていれば、在学中に教えていたはずだからね。

また、センター試験が普及していく中で、前にも話した「大学の序列化」が起きた。偏差値で大学が輪切りになってしまったことに各大学はＡＯ入試や推薦入試を導入したり、あるいは付属校からの合格者数を増やしたりといった対応策を打ち出した。言ってみれば、一九七九年型試験のマイナーチェンジを行なったわけだけれども、それも結局は抜本的な解決にはなっていない。しょせんマイナーチェンジはマイナーチェンジでしかない。同じ枠組みの制度を四〇年近く続けてはダメなんだ。

新テスト導入で、日本の大学はどう変わる

でも、その一九七九年型がようやく終わって、二〇二〇年度から新しい大学入試制度が始まる。

もちろん、最初のうちはいろいろな試行錯誤が行なわれるだろう。最初からうまくいくシステムというのはない。この中に工学専攻の人がいたら分かると思うけれども、新しいマシンを作ったら最初はまず故障する。壊れる。それを修理したり、改造していきながら調子を上げていく。

制度も同じ。当初の一〇年くらいはトライアル・アンド・エラーだから、いろいろと批判も起きるだろうが、新しい制度の目標は間違っていない。すなわち、「文理融合」だ。

センター試験に代わって「大学入学共通テスト」が導入されるわけだけど、その数学や国語では記述式の設問が導入される。社会科は歴史総合、地理総合というテストになって、ひじょうに広い視野や知識を持っていないといけない。単なる記憶力ではなく、知識の運用能力、運営能力が問われるような科目が出てくる。

それによって何を目指しているかといったら、文理融合なんだよ。結論から言えば、数学がまったくできない人は大学に入れない。逆に理科系でも、歴史に関する知識がまったくない、地理について全然分からないという人は、入れない。こういう方向に変えていくというのが文科省のもくろみだ。

また英語に関しては、TOEFL iBT、IELTS、英検、TOEIC。こういう外部試験を活用する。英語の実用語ベースで聞くような試験が、入試で使われる。それだから、実用英語と学校英語の差がなくなる。こういうふうになってくるわけ。

さっきも言ったけれど、最初の一〇年くらいはガタガタするだろう。飛行機とか機械は故障しながら直して、使えるようにしていくものなの。ただ、一〇年経ったら安定飛行に入る。安定飛行に入ったら、そのあとはひじょうにいいスペックを持った大学生が出てくるんだ。

その頃には同志社レベルの大学は文科系も理科系も、大学四年プラス大学院二年の六年制になっているだろう。最初の四年間で基礎的な教養をものにする。文科系の人は数学、科学史なんかの知識もつける。ことに理科系の人は歴史総合とか地理総合とかそういった勉強もする。その一方で実用的な英語も、プレゼンテーション能力も身につける。そのうえで大学院に行って、それぞれの専攻を研究する。今、文科省が考えているのは日本の教育をアメリカモデルに変えていこうということだから、これは必然的なプロセスだ。おそらく授業料も相当に上がっていくだろうね。

あと二〇年したら後輩に追い抜かれる時代になる

大学入試が変われば、当然、予備校と高校の教育システムが変わる。そうなると中学の教育システムが変わるわけだけれども、それと同じくらいに大学の教育内容も変わってくるよ。それまでと違うスペックの学生が入ってくるわけだからね。で、最後に小学校の教育が変わってくる。だいたいそのような順番で日本の教育システムが変わってくる。

そのようにして考えていくと、小学校から大学まですべて過去とは違う教育を受けた子どもたちが社会に出てくるのは今から二〇年後くらいという計算になる。飛行機にたとえれば、これまではプロペラ機だったのが、新しいジェットエンジンを積んだ学生たちが社会にやってくるという感じだ。

七九年型、七九式の教育を受けたという点では、現在、五七歳の私も、今ここにいる一八かそこらの君たちも、基本的には零戦の操縦法しか知らない。せいぜいトンボ返りができる程度の技《わざ》しか持っていない。二〇年後、ジェット機を操縦する連中が現われたらあっという間に抜かれる。スペックが違うからしょうがない。

でも、今、五七歳の私にはそれはあまり影響がない。もう、そのときには七七歳で、現役も引退しているからね。しかし、みなさんはそのころは三〇代後半から四〇代前半だ。漫然としていたら大変なことになるのは明白だよ。

じゃあ、どうしたらいいだろう?

答えは明白だ。

二〇二〇年からの教育改革を見て、自分に欠けている、不足していると思われるスペックを補充することを、一〇年計画くらいでしないといけない。理科系だって数学に自信がないところがある場合、そこの補充をする。それから実用英語、歴史の知識を身につける。そこでのテーマはやはり文理融合だ。一人一人が自分の中で教養を統合していく。

なぜ同志社はサイエンス・コミュニケーター養成に乗り出したか

ただ、わが同志社大学は松岡敬学長になってから、二〇二〇年以後の教育の大改革を視野に入れた形で、今、大きなビジョンの組み直しをしている。大学入試改革を待っていたら間に合わないから、来年あたりからみなさんが取れるような新しい科目、新しいコースがどんどん出てくるだろう。

すでにサイエンス・コミュニケーター——文科系と理科系の相互乗り入れをした形の副専攻を作った。経済学部の人たちはもう去年から取れるようになっているよね。来年から文学部も入っていると思う。ようするに文理融合で、理科系の基本的なことが分かる文科系の学生をつくる。そして理科系の学生には自分たちが勉強していることを、それを専門としていない文科系の人たちにも説明できるようにする。プレゼンの力であるとか、そのスキルを磨くための副専攻を作って、本格教育をしている。

とりあえず定員は四〇人で、すぐに定員が溢れるからどうするかというのが大変だけど、これをやっているのは生命医科学部の野口範子先生です。僕よりちょっと年上。

ものすごく優秀な人なんだよ。筑波大学医学部の大学院を出たあと、帝京大学で法医学教室にいて長いこと解剖ばかりやっていたの。そして、そのあと東京大学の先端科学技術研究センターに異動した。ところが東大の助教授を蹴っ飛ばして、二〇〇五年に同志社の理工学部の教授に就任した。どうしてかというと、今までにまったくない生命医科学部という新しい学部ができるから。既存の医学部や薬学部が中心となって新薬を開発しているような流れを変えたいと彼女は考えたわけ。

今、彼女はサイエンス・コミュニケーターの副専攻コースを作った。文科系と理科系の相互の言葉が分かるような、つまり、文理融合型の高度な専門家を養成していかないといけない。私は彼女とはひじょうに波長が合って、いろいろな仕事を一緒にやって、おそらく来年（二〇一八年）からサイエンス・コミュニケーターでやる講義には私の講義も入ってくると思う。

STAP細胞は現代の錬金術だった

たとえばSTAP細胞事件というのがあったでしょ。小保方晴子《おぼかたはるこ》さんが「STAP細胞はあります」と言った例の事件。W君、STAP細胞ってあると思う？

学生　ないと思います。

理化学研究所って、日本の理科系の頂点の一つだよね。あそこの人たちはSTAP細胞が本当にあると信じていたんだよ。なんでそういうことが起きるのか。D君、どう思う？

学生　ちょっと分からないです。

しかし、普通のリンパ細胞をレモンジュースみたいな溶液につけるだけで万能の細胞になるなんて話を理研の幹部が発表したときはみんな「そんなものなのか」と信じなかったかい？

学生　信じました。

いわゆる「権威による説得」だね。人間は権威者から言われると無条件で信じてしまう回路を持っている。それに対して「これはおかしいんじゃないか」と思うためには知識、ことに歴史の知識が必要なんだ。

この場合、中世の錬金術に関する知識があったら、理研の説明を鵜呑みにせずに自分の頭で考えることができた。STAP細胞はインチキじゃないかと気づけた。

古代ギリシャが産み出した「テオリア」とは

では、その錬金術とは何か。それを知るためにはまず古代ギリシャの自然観を知らないといけない。

古代ギリシャの思想家たちはいろんなものを観察しては、世界に対するさまざまな仮説を提示した。観察による分析、これをテオリアと言うんだけれど、テオリアは古代ギリシャから生まれた方法論なんだ。現代の英語ではセオリー、仮説という。ただし、テオリアは科学とはちょっと違う。科学には実験が必要不可欠だからね。そこのところが決定的に欠けているのがギリシャの自然思想。

アリストテレスという古代ギリシャの哲学者はみんな知っているよね。さっきも名前が出たけれども、彼は論理学の基礎を作ったし、政治学においては国家のあり方を王制、貴族制、ポリティア、その逸脱としての僭主《せんしゅ》制、寡頭《かとう》制、民主制に区分した。そういう偉大な業績を持った人だけれども、今の我々から見れば完全にナンセンスとしか思えないことも書いている。同志社の図書館にも入っているけれども、岩波のアリストテレス全集の中に『小品集』というのがある。これには現在で言う似非《えせ》科学に近い話がたくさん入っている。

たとえば、こういうのがある。好色な男性の髪の毛が薄いのはなぜか。こういう命題。N君、どうしてだと思う？　アリストテレスはどう考えたと思う？

学生　男性ホルモン……ですか。

そのころにはホルモンは発見されていない。アリストテレスはこう考えた。人間は熱を持っている。好色な男は下腹部に熱が集中するので頭が冷える。これが毛髪に良くないので髪の毛が抜けてくるというのがアリストテレスの観察であり、仮説なんだ。もちろん、これは科学的には何の根拠もない。

アリストテレス

啓蒙主義が挫折した理由とは

時代が下って中世になると、仮説の時代、テオリアの時代から実験の時代、実践の時代にな った。当時は神の国に行くのが最終目的だから、単に仮説をもてあそぶだけではだめで、ちゃんとそれを確認して、最終的に自分が救われるかどうかを調べないと安心できない。

そこから生まれてきたのが錬金術。だから錬金術師たちはみな研究室、実験室を持っていた。錬金術はアルケミー（Alchemy）の訳語だけれども、アルケミーはかならずしもゴールドを人工的に作るのが目的ではなかったから、正確な訳とは言えない。正確には「変化の術」と言ったほうがいい。

このアルケミーには「乾いた道」「湿った道」という二つの手法があるのだけれども、それによってありとあらゆるものを変化させるわけだ。その一つとして黄金を作り出すということもあったけれども、たとえば錬金術を完全にマスターすれば不老不死の薬が作れるし、どんな病気になっても回復できる万能薬も作れる。東洋における煉丹術《れんたんじゅつ》や神仙《しんせん》の術とひじょうに似ているけれども、これも一種の知の体系であるわけだ。

もちろん、現実には錬金術で卑金属を貴金属に変えることはできないし、不老不死の薬を作ることなど絶対に不可能だ。だから啓蒙主義思想が現われて、近代科学が勃興《ぼっこう》してくると、錬金術は手品や迷信の一種だということで捨てられるわけだが、しかし、錬金術から近代科学は生まれたとも言える。何しろ、ニュートン自身が「最後の錬金術師」だったと言われるくらいだからね。

そこで啓蒙主義思想だが、これはどういう思想か分かるかな。啓蒙は英語ではエンライトメント（enlightment）と言う。en は灯《とも》す、light は光だよね。つまり啓蒙とは、無知《むち》迷妄《めいもう》の闇《やみ》を理性の光で照らすという意味。その理性を鍛えれば鍛えるほど、世の中は明るくなっていって、我々は幸せになれるというのが啓蒙主義の考え方だね。

この啓蒙主義から近代科学が生まれたわけだけれども、それが一九一四年になって挫折をする。この一九一四年という年に何があったか？ はい、J君。

学生 第一次大戦です。

そう。この第一次世界大戦で近代合理主義が行き詰まって、もう一回、錬金術が見直されるようになったんだ。

イギリスの有名な歴史学者エリック・ホブズボームは『20世紀の歴史 ～両極端の時代～』（ちくま学芸文庫）という著書の中で、一七八九年のフランス革命から一九一四年の第一次世界大戦勃発までを「長い一九世紀」と呼んだ。

彼によれば、一七八九年のフランス革命から一九一四年の第一次世界大戦勃発は「産業の時代」であり、「啓蒙の時代」だった。これが「長い一九世紀」。そして「意味の上での二〇世紀は一〇〇年より短い」とホブズボームは言う。つまり、一九一四年の第一次世界大戦で始まった二〇世紀は、一九九一年のソ連崩壊で終わった。さらに彼によれば第一次世界大戦と第二次世界大戦は分けて考えるべきではなく、「二〇世紀の三一年戦争」と捉えるべきだという。もちろん、この三一年戦争は途中に二一年間の戦間期があるわけだけどね。

近代合理主義の限界が露呈された第一次大戦

で、一九一四年の第一次世界大戦はいったい誰が始めたのか。

一九三九年の第二次世界大戦の原因は誰の目にも明らかだね。それはナチスだ。ヒトラーがポーランドに侵攻して、第二次大戦が始まった。ところが第一次世界大戦は誰が始めたのか、いまだに確定していない。今でも学者の間で論争が続いている。

たしかに、一九一四年六月二十八日、サラエボでセルビア人の民族主義者が、オーストリア＝ハンガリー二重帝国の皇位継承者の皇太子とその奥さんを殺したことがきっかけだ。しかし、この暗殺者が戦争を始めたかというと、そういうわけではないよね。そもそもオーストリアは巨大帝国で、セルビアは弱小の新興国だ。ただちにオーストリアはセルビア人のテロリストたちを逮捕した。普通ならばこれでセルビアが謝罪して終わるはずなのだけれども、そこでセルビアが謝罪をしなかった。そこから話がおかしくなった。

というのも、その当時の東欧には複雑な同盟関係があって、セルビアの同盟国であるロシア

多数の死者を出した第１次大戦の最前線

がオーストリアに干渉し、また、ロシアの同盟国であるフランスもセルビア側に加わり、さらにそのフランスの同盟国であるイギリスがセルビアについた。これに対して、オーストリア側には同盟国のドイツがついた。これらの国が相手を威嚇《いかく》するために軍隊に動員をかけたら、いつの間にか戦争の流れができてしまって、欧州全体を巻き込む戦争が起きてしまった。

しかも、この戦争は当初は簡単に講和条約が結ばれるだろうと思われていたのだが、そうはならないで国家総力戦が始まって、西部戦線では機関銃や戦車、毒ガスが登場したことで戦線が膠着《こうちゃく》して、足かけ五年も戦争が続くことになった。この間に起きた大量虐殺、大量破壊によって、欧州は荒廃してしまったわけだよ。

啓蒙の時代であった一九世紀の人たちは、人間の理性と科学技術があれば、もう大戦争なんか起きることもなく、明るい未来が待っているだけだと信じていた。ところが、実際には誰が始めたかも分からない大戦争が長々と続いて、国土は荒れ果てて、その一方で爆撃機であったり、戦車であったり、毒ガス兵器であったりという「最新兵器」が続々と現われた。いったい人間とは何なんだ、理性による光には限界があるんじゃないかという疑問が第一次世界大戦によって生まれたわけだね。

人間中心主義に挑戦したカール・バルトの偉業

こういうときに他の学問より早く危機に気づくのは神学なんだ。

当時、スイスのザーフェンヴィルという田舎の村にいたカール・バルトという牧師が、「今のキリスト教はこの戦争の熱狂に浮かされているが、それはおかしい」「戦争を肯定しているような今の神学者たちの神学では何の意味もない」という問題設定から、「もう一回、聖書を読みなおそう」と考えた。

そして、『新約聖書』の「ローマの信徒への手紙」を丁寧にギリシャ語で読み直して、一九一八年に『ローマ書講解』という本を書いた。

神学者カール・バルト

『ローマ書講解』は平凡社ライブラリーから上下二冊で出ている。新教出版社からは『カール・バルト著作集』版の訳も出ている。

カール・バルトの思想をきわめて簡略に述べるならば、「人間が神を語る」というのはおこがましいことで、とにかくひたすらに神の言葉に耳を傾けるべきだという話なんだ。人間中心主義をひっくり返した。

おそらく、バルトのこうした発想の基礎にはハイデガーの実存哲学も関係しているだろうけど、無視してはならないのが自然科学、ことに量子力学、それからゲーデルの不完全性定理といった、当時の最先端の科学が関係していると思う。こういった新しい形の世界認識が生まれてくるのも、やはり第一次世界大戦のインパクトが大きかったからだと思う。

心理学者ユングが喝破した錬金術の本質

そうした流れの中で、ユングの心理学も現われてきた。ちなみに日本に最初にユングを紹介したのは、文化庁の長官もやった河合隼雄《かわいはやお》さんで、日本における最初の夢分析の専門家だったけれども、その次にユングの夢分析の資格を取ったのは、この大学の神学部におられた故・樋《ひ》口和彦《ぐちかずひこ》先生だった。

樋口先生の授業は奇妙だったよ。レポートは「見た夢を書け」。「見ませんでした」と言うと、「気合が足りない」「真剣に寝ろ」とか言われる。それで夢のレポートをようやく提出したら次の課題が「夢の続きを見てこい」。「先生、無理です」と言うと、「気合が足らん」とやっぱり言われる。人間はいつでも夢を見ているものだから、あっちこっちにメモ帳を置いて、気づいたときに記録しろと教えられた。あるいは、箱庭に砂を置いて、人形とかを見て、「これを並べて、物語を作れ」というのもあった。そのようなことをしながら人間の心の深層にあるものを探っていくのがユングの心理学。

このユングが『**心理学と錬金術**』（人文書院）という本を書いている。その中で、彼は「錬金術のことをみんな誤解している。錬金術師が『卑金属を貴金属に変える』と言うのを、ペテンだ、インチキだと非難するけれども、錬金術師は彼の実験室にいる人たちの深層心理を支配

実験室の錬金術師

する人であって、その支配が完成したときに錬金術も完成するのだ」と述べている。

つまり、錬金術師というのは閉ざされた空間の中で、心の磁場を変化させる能力を持っている。だから錬金術師から「これはゴールドです」と言われると、そのとおりだと思ってしまう。それはトリックというよりも、深層意識や無意識を支配する形で行なわれているというのがユングの解釈であるわけだ。

『あの日』に見る「枝切り」の手法

そこで今度のSTAP細胞のことを見てみよう。私は小保方さんは、ユングの言ったように心の磁場を変化させる力を持った人だと思っているんだ。

そのことは彼女の履歴からも推察できる。彼女は一般入試や一般の就職試験の類《たぐ》いを一度も受けていないんだよ。早稲田の理工学部にもAO入試で入っているし、東京女子医大やハーバード大学に行くときにも推薦で入っている。

ハーバード大学に行くことになったときの話は、彼女自身の書いた『あの日』（講談社）という本に書いてある。

ある日、大和（雅之）先生から、ボストンから来るお客さんの接待のため、女性の学生数人と一緒に四谷の天ぷら屋さんに行こうと誘われた。（中略）私はこの場に呼ばれた責任感から、普段はまったくお酒を飲まないにもかかわらず、注がれるままにお酒を次々に飲んでしまい、いつの間にか畳の上で寝てしまっていた。うつろな意識の中で、他の誰かが部屋に入ってきたのを感じ、起き上がろうとするも、身体が動かなかった。とても気分が悪い。意識の向こうで「アメリカでは……」「ハーバードが……」などといった話し声が聞こえてくる。お店の人からお水をもらい、何とか起き上がれるようになった頃には会はお開きになっていた。「はるさん、帰るよ！」大和先生の声が聞こえた。私は返事の代わりに「先生、私、アメリカに行きたいです」と言うと、それを聞いた男の人が名刺を渡してくれた。そして「本当に来たいのならメールして」と言ってくれた。これがハーバード大学の小島宏司先生との出会いだった。

翌日、名刺に書かれた小島先生のアドレスに、「できればアメリカで新しいことに挑戦してみたいです」とメールを出した。小島先生からの返事は、「半年間見学してみますか？　ぜひ来てください」というものだった。このことを大和先生に報告すると、「ホントに来ていいって言ってた？　ホントに？」と何度も確認された。（カッコ内は引用者）

これはけっこう怖い文章だ。こういうふうに事実を取捨選択して並べていく作業を、我々の業界では「枝切り」という。

ここに書かれてあるのはいずれも事実であると思う。たとえば天ぷら屋に行って大酒を飲んだのも事実。後日、小島先生からメールの返事が来たのも事実。だけれども、大きな声で「アメリカに行きたい」と言ったのがどこなのかが判然としない。極端な話、彼女が酔って寝ている間に見た夢であるかもしれない。そこで、この文章を通じて小保方さんは「私は覚えていますからね。あの日、どこで何があったかを。私について余計なことを言うと、私だってついカッとなることもありますよ」というシグナルを出したんじゃないか。私はそう見ているんだけれどね。

文科系と理科系の教養を併せ持つ必要性

それはさておき、ハーバードに行ったあと、理研に入ったときも彼女は推薦だった。全部、推薦で渡りきったのは、やはり彼女には磁場を変化させる力があったからじゃないか。周囲にいる人たちを感化する力が何かしらあるんだろう。

でも、実際に彼女の書いた論文を第三者が読むとどうなるか。そうすると、そこには彼女の磁場が働かないから、周囲の人には見えてなかったアラが見えてくる。それが今度のＳＴＡＰ

細胞事件の真相だと思う。

と言うと、でも、彼女の論文は科学誌に掲載されたじゃないかと反論する人もいるだろう。しかし、論文の内容を精査する査読《さどく》がどれだけ正しく機能しているかは疑問だ。ましてや大学の紀要論文ともなれば、関係者に頼まれたら掲載を断れないよ。

結局、ＳＴＡＰ細胞事件というのは、国民の税金をああいった形で無駄に使ったという問題ではあるわけだけれども、何よりも死者まで出ているわけで、これは大変なことだ。笹井芳樹《ささいよしき》さん（当時、理研ＣＤＢ副センター長）というひじょうに優秀な人が、命を絶つところまで追い込まれてしまった。

でも、もし笹井さんが若い頃にユングの『心理学と錬金術』を読んでいれば、ひょっとしたら違ったことになったかもしれない。「あまりにもうまい話があったときは気をつけなきゃいけないぞ」と思ったかもしれないし、「僕は心理を支配されているんじゃないか」と反省することだってあっただろう。科学史をきちんと勉強していれば、過去にもそういう例がたくさんあったということも分かっただろう。だからやっぱり文科系的な教養は理科系の研究者にも必要なんだ。

もちろんそれは文科系の人にとっても同じことだ。せめてアリストテレス論理学を学び、近代合理主義に基づく物の見方、考え方をトレーニングする。科学史を学んで、似非科学とは何かを知る。そこを押さえていないと思わぬ陥穽《かんせい》に落ちることがある。

そこで具体的に読んでおいてもらいたい本を紹介すると、まずは今も話をしたカール・ユングの『心理学と錬金術』、科学史の基本を知るにはトーマス・クーンの『**コペルニクス革命**』（講談社学術文庫）がいい。この本の中でクーンはその後有名になる「パラダイム」というキーワードはまだ使っていないけれども、コペルニクスの地動説が単独の出来事ではなくて、時代の世界像をどういうふうに変化させたか理解することができる。

哲学史について言えば、大人用に作られた『もういちど読む山川倫理』（前出）がいい。神学部の学生たちに「任意だよ」と言いながらも、この本から二五〇題、練習問題を作って、宿題で出してやらせている。原稿用紙で二枚ずつ書いても五〇〇枚。私の講義の五ヵ月間に書かないといけない。それが最低ライン。

Ⅳ 今からやるべき「英語」と「数学」の学び直し

文科系ならば数学検定三級からスタートしよう

ここからは私が神学部でやっている授業について少し話をするね。一昨年は「新島《にいじま》精神の同志社」というテーマでやっていたんだけれども、学生の食いつきがいいんで、去年から集中講義方式でかなりきつめの講義をやっている。だいたい一五人から一七人で、しょっちゅう試験がある。いっさい参照不可の試験と、何でも参照可の試験と両方ある。

今回は一回目の講義のときに、数学の抜き打ち試験をやった。高校卒業検定試験の抜き打ち試験をやったの。どうせ五点とか一〇点とか、とんでもなくひどい点数が出てくるだろうから、数学の重要性についてさんざん説教をくらわせてやろうと思っていたのね。そうしたら一〇〇点とか九八点とか、二人をのぞいて七五点以上だった。

これは私の想像の外だった。高校卒業検定試験は、合格点は公表されていないんだけれども、五一点と言われている。なんでこういう異常なことが起きるのか。生命医科学部の石浦《いしうら》章一《しょういち》先生に聞いてみたら、「そんなことはありえない」と。「卒業検定試験は理科系なら準備していれば一〇〇点を取れるものだけれども、そうでなければ理科系の学生だって危ない。神学部の学生よりも点数が低いかもしれない」と言っていた。

そこで神学部の学生たちに聞いたんだ。

「君たちは国語、英語、社会の三科目受験だよね。それなのに、なぜ数学ができるんだ」

そうしたら、「先生が『数学を捨てたらダメだ』と本に書いていたじゃないですか」と。何人かの学生は高校生のときに私の本を読んでくれて、それで神学部に来たあとも数学の勉強をこつこつとやってくれていたらしい。そういう学生はやっぱりかわいいよ(笑)。

もちろん、一方で数学に自信がない学生もいる。そういう人たちにはまず数学検定の三級を受けてもらう。さっきも言ったけれども、三級は中学三年生までの数学で。それに合格したら準二級。そして最終的には二級。文科系ならばそれで十分だ。もう少し、高度な数学を勉強したい、勉強する必要があるというのであれば、準一級を目指す。そうなると微積分や統計処理が分かるようになる。

東大や東工大の学生も読んでいる、数学の「知られざるベストセラー」

でも、たいていの人はそこまで数学検定の試験勉強にかまけていられないというのが率直なところだろう。ことに経済学部や商学部、あるいは社会学部などで数学を必要としている人たち、あるいは数学や物理が苦手なままＡＯ入試で理科系に入った人たちはそんな迂遠《うえん》な方法では時間的に間に合わないということもある。そういう人たちに薦めるのが『**大学基礎数学　キャンパス・ゼミ**』（馬場敬之、マセマ。写真左）という本。これは知られざるベストセラーで、累計で数百万部出ている。東大や東工大にも数学が苦手な学生がいるからね、彼らもこれでこっそり勉強している。

具体的には、複素数平面、数列、関数の極限、微分法、積分法、行列と一次変換、確率分布。それを六章に分けて、高校二年生くらいの数学の知識があれば、確実についていける丁寧な本の作りだ。演習問題の解答もよくできている。これで勉強すれば、基本的に大学の経済学部、商学部の数学、社会学部の統計処理は対応できる。

神学部の学生で、数ⅡＢまでは完璧にできている人が実は結構多いんだ。そういう人たちにも、とりあえずこの本で勉強しろと勧めている。

実は神学は、数学と結構隣接している。無限の考え方などは特に重要だ。また、リーマン幾何学の理解もあったほうがいい。

なぜ「平行線は交わらない」と言えるのか

そこで質問なんだが、Y君、平行線を延ばしていったときに二つの線は交わるかな？

学生　交わらないと思います。

どうして、そう思う。

学生　平行だから。

それじゃトートロジー（同語反復）になってしまうよね。でも、君の答えはそれでいいんだ。というのも、ユークリッドは「平行線は交わらない」という基礎の上に、幾何学を組み立てた。この基礎を「公準」というんだけれども、公準は証明不可能な命題なんだ。だから「平行線は交わらないのはなぜか」と聞かれて「平行線だから」と答えるのは間違っていない。

でも、公準はかならずしもこれ一つではない。「平行線は交わる」「交わらない線はない」という公準の上に、別の幾何学を構築することもできるんだよ。それを非ユークリッド幾何学という。リーマン幾何学はその中の一つだ。私が高校生だったとき、非ユークリッド幾何学は数ⅡBで習った。

ユークリッド幾何学というのは単純平面上で展開される幾何学なんだけれども、リーマン幾何学はそうじゃない。曲面上における幾何学なんだ。

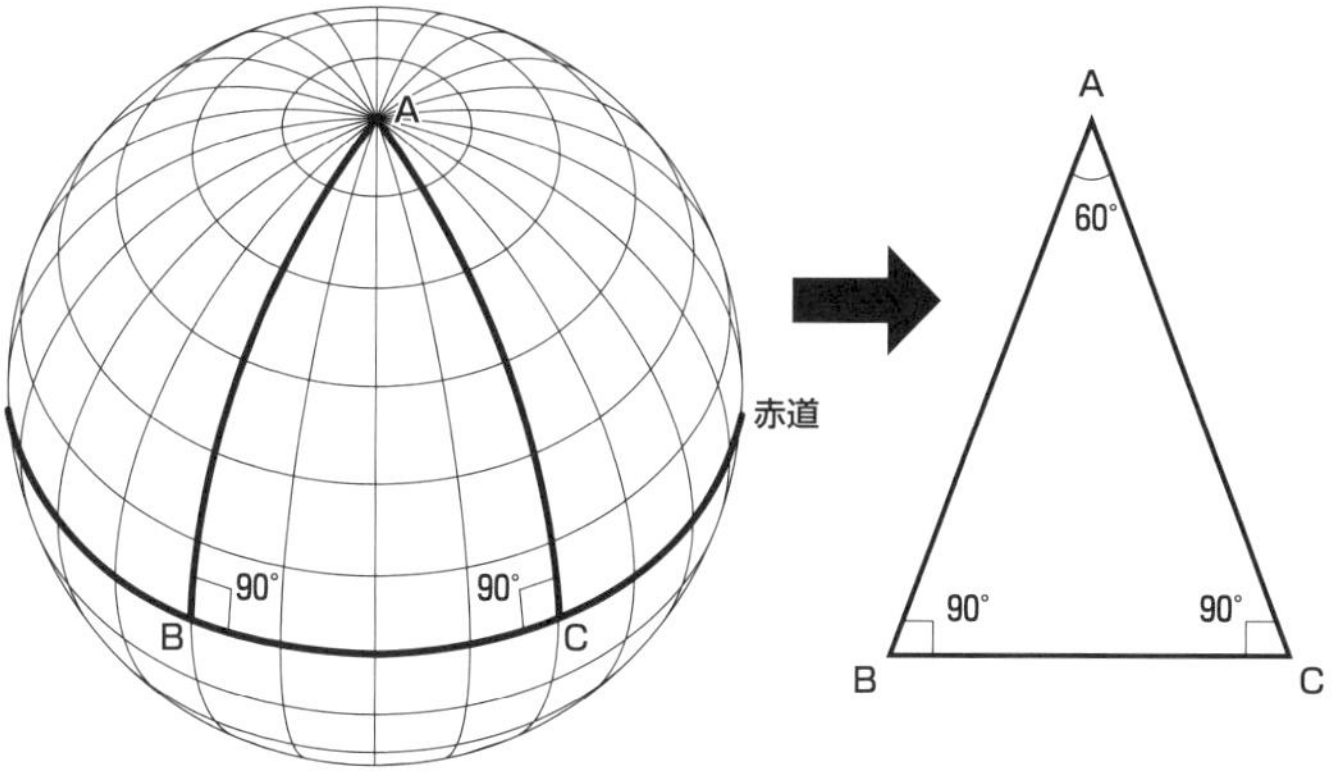

赤道を底辺とし、頂点を北極点とする三角形 ABC では角 B、角 C はそれぞれ直角となる。

そこで地球儀で考えてみよう。地球儀上で東京を探して、東京と北極点とを結ぶよ。その線を延長したときに、赤道とはどんな角度で交わるかな、Rさん。

学生　垂直です。

そのとおり。その線を地理では経線という。東経135度というときの経度を示す線だね。

では、同じようにホノルルと北極とを結んで、その線を赤道と交差させる。そのときの交差角は何度になる?

学生　垂直です。

そう、どっちの線も赤道に対しては垂直に交わっている。

これが単純な平面上であれば、同じ線に対して垂直に交わっている二つの線は平行で、永遠に交わらない。だが、球面上ではそうではない。

二つの線は北極点で交差する。

こういう幾何学を考えたのはリーマンという数学者だけれども、リーマンのお父さんはドイツのルター派の牧師で、本人も最初は神学を勉強していた。途中から数学に変わるんだけれども、私はリーマン幾何学というのは、ユダヤ教やイスラム教の世界では絶対に出てこない発想だと思う。どうしてかというと、神は神で、人間は人間で、平行のまま交わらないでしょ。だけれども、キリスト教はイエス・キリストは真《まこと》の神で真の人だから、平行だけど交わる一点がある。神学的には神と人間の平行線が交わっているわけだ。

こんなことはユークリッド幾何学では考えられないけれども、リーマンはそういう幾何学が絶対にあるはずだと考えた。そのときに、「あっ、球面上で考えればいいんだ」と気づいた。球面上で平行線を引いたらこうなると気づいたわけだよね。そういうことだと、すごく接点があるよね。こういう気づきは神学的な視座があるからできるわけだし、また数学的な視座があるから神学的な気づきが生まれるとも言える。

英語の学び直しに最適な教科書三冊

数学の学び方について話したから、今度は英語の学び方も説明しよう。

二〇二〇年の入試改革の目玉は、英語のテストに資格・検定試験を併用することになったことだ。具体的に言うと、英検、TEAP、TEAP CBT、TOEIC、TOEFL iBT、IELTS、GTEC、ケンブリッジ英検。これらを導入することによって読む・書く・聞く・話すの四技能を底上げしようというわけだ。

これに対応した勉強法としては、まず**英検二級**からトライする。二級の一次試験、学科テストは簡単にクリアできるけれども、会話のほうは慣れていないとけっこう厳しいよ。同志社の一般入試に合格している人ならクリアできるとは思うけれど、今のいびつな高校英語の構成からすると、二次試験で落ちることは充分ありえる。

それと並行して文法を学ぶ。英文法に不安のある人は、マーフィー（Raymond Murphy）という人が書いた『**Essential Grammar in Use**』（写真左）という教科書がケンブリッジ大学出版局から出ている。書き込み式のドリルだけど、これで勉強するといい。

神学部で私の講義を取っていて、英語にあまり自信がないという学生にやらせていたけれども、だいたい二ヵ月半から三ヵ月で終えている。これができるようになれば、英検二級と準一級の間くらいの実力がつく。

英検の準一級を狙うには、同じ著者の『**English Grammar in Use**』、『**Grammar in Use Intermediate**』という二冊の本

で勉強する。

前者はイギリス英語、後者はアメリカ英語で、これも書き込み式ドリルだけど、すごくよく出来ている。神学部の学生の場合、だいたい四ヵ月から五ヵ月で終わっている。これをやっておけば、英検準一級と一級の間くらいの実力がつくから、外国に留学するのに困らない程度の英文法の知識はつく。

高校二年生レベルの英語力を上位五パーセントに格上げするには

英検の準一級を実際に合格するのはけっこう大変だよ。東大の学生でも英検の準一級をクリアできているのは一割もいないだろう。

なぜそういう推定が成り立つかというと、先日から日本の外務省は合格者にTOEFL iBTでスコア一〇〇を取るようにと要請した。これはだいたい英検の準一級だ。どれくらいクリアできたと思う? 情けないことに三〇パーセントだ。外務省にキャリアで入る連中がこういう状態なのはひじょうに困るんだけれどもそれが現実だ。

それはさておき、英検準一級の一次試験に受かったところで、二次試験の勉強をするとともに、イギリスに行く人はIELTSに挑戦してほしい。これは筆記試験だから結構難しいよ。アメリカへの留学を考えている人、あるいは同志社での交換留学の場合は、TOEFL iB

T。就職を考える人、ビジネスの世界に行くことを考えている人はTOEIC。この三つの試験のどれかに進んでほしい。

目標としてほしいスコアは、TOEICは九〇〇。TOEFL iBTは一〇〇。IELTSは七・〇。これだけの英語力を持っていれば、日本の上位五パーセント以内に入る。英語に関してはこれで完成と考えていい。一般入試で合格している標準的な同志社の学生ならば、二年間、システマティックに勉強すれば、今の時点での英語が比較的苦手、高校二年生レベルしかない人でも、この目標は充分に達成できる。

とにかく「読む力」を優先して身につけよう

なぜここで「達成できる」と断言できるかというと、私の神学部の教育の経験だね。去年四月の時点で、IELTSが五・〇の学生がいた。それでイギリスに行きたいと。スコアを上げろということで「この問題集でこういうふうに毎日三時間やりなさい」と。「土日は五時間ずつやりなさい」と言って指導した。このとき、推奨したのは、さっきも紹介したマーフィの『English Grammar in Use』だ。コツコツ勉強できる子だったから、九月の時点でIELTSのスコアが七・〇になった。それで今、エジンバラ大学で宗教学を勉強している。「一日七時間勉強しないと講義についていけないから大変だ」と言っているけれど、ちゃんとこなして帰ってくるだろう。二回生から三回生にかけてイギリスで勉強するそうだ。

また、その様子を見て発奮した、去年、二回生だった女子学生がいてね。同志社にインターシップみたいな形でマレーシアに行くプログラムがあると。それでＴＯＥＩＣで七二〇くらい要求されている。「君、今いくつだ？」と聞いたら四三十何点。「それだったらこの問題集一冊に絞って、三回やれ」と同じく『English Grammar in Use』を推奨した。そうしたら報告に来て、八四〇取れたと。それで今、マレーシアに行っているよ。

神学部の子たちが半年程度の勉強で、それくらいスコアが上がっているからね。今年も何人か一生懸命勉強をやっているけれど、カチッとスコアが上がってきている。そういったことを見ると、みなさんも入学試験のときの力は同じくらいだから、少しシステマティックに勉強すればこれらの目標はクリアできる。

以上は留学の必要がある人、あるいは将来、仕事で英語を使うことになる人の場合の勉強法だ。つまり読む・書く・聞く・話すの四技能をオールラウンドに求められる人たちだ。これからはそういう人がどんどん増えていくだろう。だが、自分はドメスティックでいい、留学もしないし、英語を使う仕事に就くつもりもないという人の場合はどうするか。その場合、最低限でも英語を読む力をつけることだ。

はっきり言って、外国語学習の場合、書く力・聞く力・話す力が読む力を超えることは絶対にありません。逆に言えば、読む力さえつけておけば、残りの力は後からでもカバーできる。だから、せめて大学時代には英語を読む力をつけておくことだね。

その点で、東大の教材はよくできているよ。

東大教養学部の教育のいいところは、英語の先生たちがよく横の連携をとって、ベーシックな教科書や、論文の書き方や、資料の探し方についての共通の副読本を作っている点だ。**『知の技法』**（東京大学出版会）というのがそれで、ここには文科系、理科系を問わずに必要な、基本的なノウハウが書かれている。

また、**『東京大学教養英語読本Ⅰ・Ⅱ』**（同、写真左）というリーディングテキストがある。これは文科系、理科系の双方のジャンルから英文テキストがバランスがよく選ばれていて、右側に分かりにくい単語の解説がついて、なおかつときどき質問が出ているという形だから、通常の忍耐力のある学生ならば半年で消化できるだろう。

この教科書を丁寧に読んでいけば、読む力としては必要かつ充分で、英検の準一級レベルに合格する力がつくはずだし、大学院入試にも心配がない。

語学留学は大学のブランドにこだわるな

ここで簡単に留学のことを話しておこう。

留学して英語を身につけたいというのならば、やはりアメリカだ。ただし、東海岸や西海岸の大学など、日本人が多いところには行かないように。日本人同士でつるんで遊びほうけて勉強にならないから。

同志社の交換留学制度を使うのならば、アリゾナ大学なんてひじょうにいいと思う。アリゾナといっても砂漠だけじゃない。アメリカは各州の州都はそれぞれちゃんとした都会で、きちんとした教育体制が整っている。そうした地方の中央都市に行くと、日本人もほとんどいないから英語はよっぽど上達する。

また、学部時代の留学は英語力の向上だけが目的だから、大学のブランドにこだわることはない。今、アメリカの大学は授業料が年間いくらくらいだと思う？　理科系だとざっと六〇〇～七〇〇万円だ。交換留学だと、同志社の学費だけですむから、理科系の学生は三五〇万円儲かったことになる。ちなみにイギリスは学費はそれほど高くない。ドイツにいたっては国立大学ならば基本、学費なしだ。

留学時にＴＯＥＦＬ　ｉＢＴやＩＥＬＴＳの点数が求められる場合があるけれど、語学留学なんだかそんなにハードルの高いところを無理して選ぶ必要はない。大学院に留学するのであれば、スタンフォードやハーバード、プリンストンといった名門を目指すのがいいが、学部留学ならばTOEFL iBTで言うと、六〇、七〇くらいの大学で充分。帰ってくるときにそれが一一〇になっていれば目標達成だ。

SNSでは真の「友だち」は増えない

さて、最後にインターネットとのつき合い方についてコメントしておきたい。

私は自分の学生たちの連絡にはSNSやLINEはいっさい使っていない。むしろ「LINEを使うと学力が落ちる」と強調しているくらいだ。

実際、学生の成績と、使っているツールで有意の差がある。私とメールのやりとりをするときに、携帯のショートメールを使う学生よりも、PCを使う学生のほうが成績がいい。LINEとPCの比較だともっと差がつくだろう。

PCでメールを送って二日返事を書いてこなかったからといって、特段問題はない。よくある話だよね。忙しいから返事がないのだろうと思うだけのことだ。

だが、LINEで未読のままが二日続いていたら、どうなる？ 今まで読んでいたのが既読になっていない。それが二日も続いている。昨日まで普通にやりとりしていたのに。「俺に含むところがあるのか」とか「あたしの何が悪いのか」という気持ちになってくる。状況によって殺人事件すら発生しかねない。これは精神衛生に悪いだけじゃなくて、学業にも響くよ。

これはうちの大学の話ではないんだけれども、ある大学の学生は五時に講義が終わったあと、一目散に下宿に帰って、深夜の一時、二時までＬＩＮＥでやりとりをしているそうだ。そうしないと自分はハブられるんじゃないかとつねに恐れている。そうしたら勉強する時間なんかなくなるよね。

インターネットはたしかに便利だが、危険なツールというのがいくつもある。ＬＩＮＥやＳＮＳは特にそうだ。また、スマホにしても歩きスマホをするようになると危ない。

池上彰さんが言っていたことだけれども、実は東大や東工大クラスの大学ではスマホを触りながら歩いている学生はいない。それはいったいなぜか。答えは簡単で、歩きスマホが習慣化するほどスマホに依存しているような受験生は東大や東工大には合格しない。

こういうふうに言うと、「Ｆａｃｅｂｏｏｋやソｗｉｔｔｅｒとかは人間関係を構築する、画期的なツールだ」と反論されるんだけれど、動物行動学者で進化人類学者の長谷《はせ》川《がわ》眞理子《まりこ》さんの話では、人間がまともに認知できる人間の数は一五〇人くらいが限界だと言うんだね。それ以上になるとただの記号になってしまって、「友だち」とはとても呼べない。

なぜかというと、人間が最初に作った社会集団の規模がちょうどそのくらいで、人間の脳はそのサイズに適応するように進化した。社会の規模は大きくなっても、人間の脳は進化していないから、やはり一五〇人以上の人間関係は構築できない。だから企業でも軍隊でも、だいたい一〇〇人前後の集団が単位で、それ以上、大きくなるとセクションを分割する。そうじゃないと管理職がマネージできなくなる。

ＳＮＳは友だちは一〇〇〇人にも二〇〇〇人にも増やせると言うわけだが、そんなのは幻想で、実際にはそんな具合にネットワークは広がっていかない。むしろネットワークの無理な構築に失敗して、社会はどんどんアトム化していっている。

二一世紀になってヘイトとか排外主義が急速に広まったのも、大きな社会を作ることに失敗したので、その反作用として「敵」を可視化することによって自分の小さな社会を安定させたいという欲望が生み出したものだと長谷川さんは言うんだね。私はそのとおりだろうと思う。技術の猛烈な発展に、我々の脳は追いついていない。そのギャップが今の混乱を生み出しているという仮説は充分に成り立つよね。

我々はインターネットにもっと慎重になるべきだ

ＬＩＮＥ、さらにゲームなどのインターネットの依存症に関して、京大の医学部を卒業して、京都の医療少年院に勤務したことがあり、今は精神科のクリニックをやっている岡田《おかだ》尊司《たかし》先生が、『インターネット・ゲーム依存症』という本を文春新書から出している。それを読むと、ゲーム依存の子どもたちの症状と、少年院にいる覚醒剤依存症の人の症状がひじょうに似ていると言うんだ。

中国でもネット依存症やゲーム依存症は深刻な問題になっていて、そういう依存症患者を強制的に治すための軍隊式キャンプ施設があるくらいだ。中国科学院大学の研究者たちがMRIを使って脳の画像分析を行なったところ、通常の人とネット・ゲーム依存症の人の脳の構成に有意な違いがあって、しかも重度の場合においては麻薬依存症に近いような脳の収縮、異変を起こしているというんだね。

はたしてこの中国の研究がどれだけ正しいかは保留つきなんだけれども、少なくとも我々はインターネットやSNSが脳にどのような悪影響を与えるかについて、充分な知識の蓄積を持っていないのは事実だ。

私の知り合いにもIT企業でトップの人間、あるいはエンジニアですごく稼いでいる人たちがいるが、総じてこういう人たちは自分の子どもにスマホを与えるのには慎重だ。それはこの人たち自身が、いかにネットには中毒性、依存性があるかを知っているからだろうと思っている。

ウィキペディアは情報ソースにはならない

依存性とは別の問題として、君たち学生にとって重要なのはインターネットの使い方だ。分からないものがあったら、みんなとりあえずネット空間で調べるよね。いちいち図書館に行くのは大変だから、何か分からないことがあったらウィキペディアを見るというのが習慣になっていると思うけれども、ウィキペディアには問題のある項目も多い。

と言っても「ウィキは使うな」ということじゃないよ。みなさんの場合は教師の指導があるときだけに限ったほうがいいということ。横に専門家がいて、「このウィキペディアの記述は大丈夫ですよ」と言っているのならば信頼してもいいだろう。ウィキペディアには品質を担保する、編集システムがないから内容が正しいかの保証はない。

ではウィキペディアが役に立たないならばどうすべきか。私が勧めているのは小学館が中心になって運営している**「ジャパンナレッジ」**というデータベースサービスを使うこと。ここには小学館の『ニッポニカ（日本大百科全書）』、平凡社の『世界大百科事典』、吉川弘文館の『国史大辞典』……およそ日本で考えられる最も上質な文科系、理科系の基本リファレンスが揃っている。それぞれは紙ベースでも出版されているもので、各項目は専門家が書いているうえに、ちゃんとした形での編集がなされているので、ここから引用するのであれば問題はない。

もちろん「ジャパンナレッジ」は有料サービスなのだけれども、君たちは幸いなことに同志社が代わりに契約してくれていて、それを使うことができる。それも大学にわざわざ行かなくてもいい。仮想プライベートネットワーク（VPN＝VIRTUAL PRIVATE NETWORK）を使えば、自宅や出先からでもアクセスできる。詳しいやり方は同志社のホームページに詳しく書いているのでそこを参照してほしい。くれぐれもインターネットでは、出典の明らかでない情報を検索しないこと。そういう安易な検索で調べ物をしていると、どんどん頭が悪くなるよ。

教養の最終目的は何なのか

もうあまり時間が残っていないんだけれど、ここまで話したことで何か質問があったらどうぞ。

質問者　**文学研究科のDと申します。修士課程に進むと、大学時代とは違って自分の研究の意味を説明する必要に迫られることが多いのですが、なかなか分かってもらえないということが多くて悩んでいます。私の説明が下手なせいもあるかと思いますが、世間一般の感覚として「国語なんて勉強して、何の役に立つ、何の意味がある」と受け止められているような気もします。そういう中でいったい、どのように説明すれば理解してもらえるか、いまだに分からないんですが、佐藤さんならどうお考えになるか教えていただければと思います。**

あなたは『逃げ恥』（TBS系テレビドラマ『逃げるは恥だが役に立つ』）を見たことがある？あれは今の大学院教育に対する痛烈な批判だよね。主人公（新垣結衣）は大学院を出ても、就職先がない。しょうがないから派遣会社の社員になるんだけれども、そこでも「大学院を出ているような高学歴な人は要らない」という理由で派遣切りに遭ってしまう。それを見かねた父親が元・部下の男（星野源）の家事代行をやってはどうかと言って、そこから契約結婚という話になる。たしかひと月の手当が一九万四〇〇〇円だった。これはまさに人文知に対する世の中の誤解、無理解を象徴したストーリーだよね。

では、いったい何のために勉強しているのかというと、その答えは簡単なんだ。「教養人だから」「インテリだから」。それに尽きる。

知識人というのは、己の専門科目を通じて、自分が社会の中でどのような場所にいるのかを知ろうとしている人であり、それを自分の言葉で語ることができる人のことだ。大学や大学院で研究していることの最終的な目標というのは、そこにある。

あなたは文学や語学の価値が世の中の人に分かってもらえないと言っているけれど、神学部のほうがもっと大変だよ。神学部なんて世間から見たら、それこそ「何のためにあるのか」という話だからね。

大学は就職予備校ではない

でも、そんな神学部の中に面白い学生がいる。彼女は公立の中高一貫校出身で数学もできるし、他の学力も高い。どう考えても、京大や東大に進学してもおかしくない学力があるんだ。それなのに、なぜ神学部に来ているのか。それをあるとき、直接、本人に聞いてみた。「イヤだったら答えなくてもいいけれど、よければ教えてくれないか」とね。

そうしたら彼女はこう答えたよ。

「今のところ、何になりたいという希望があるわけではありません が、少なくとも何かの国家資格がほしいとか、どこかの企業に就職したいとか、そういう考えはまったくありません。今の私が望んでいるのは、幅広く教養を身につけたいということだけなんです。そのためにどこの大学のどの学部がいいかを調べていたら、同志社大学の神学部は必修科目がひじょうに少なくて、在学中にいろんな勉強ができることが分かった。また、西洋史、特に宗教戦争に興味があるから神学部で学ぶのは悪くないと思った。それだけなんです」

高校時代に彼女は学校の先生にそうやって相談したんだそうだ。すると先生は「そんなところに行って就職があるのか?」と心配してくれた。そこでお父さんに相談したら、「大学は就職予備校じゃない。お前の関心があることをおやりなさい」と言って、うちの学部に送り込んでくださったそうなんだ。立派なお父さんだよね。

はたして彼女がこれから先、どんな人生を送るかは分からない。公務員になるかもしれないし、編集者になるかもしれないし、もしかしたら通訳になるかもしれないし、大学の先生になるかもしれない。だけれど、いずれは第一線で活躍する人間になるに違いないと確信している。

「本当に好きなこと」ならば、それで食っていける

そこであなたの質問に戻れば、世間の人にどう説明するかを考えるよりも、あなた自身が本当に好きなことを勉強しているのかを自問するのが先だと思う。もし、本当に好きなことを研究しているのであれば、何を身につけたいか、何を表現したいかということも分かってくると思うし、将来のビジョンもそこから自然と生まれてくる。自分の言葉も出てくるようになるだろう。そう思うよ。

私も神学部に行くとき、すごく不安だったんだ。そんな変なところに行ったら、一生が滅茶苦茶になるんじゃないかと思った。そこですごく尊敬していた高校の倫理の先生のところに相談に行った。

そのとき私が「好きなことをやったら食べていけないですものね」とボソッと言ったら、その先生にたしなめられたよ。その先生は東大の文学部と大学院で倫理学を研究した方だったけ

れど、「私は今まで生きていて、好きなことをやって食べていけない人を一人も見たことがありません。ただしそこで重要なのは、本当に好きなことですよ。本当に好きなことならば、絶対にそのことをやって食べていくことはできます」とたしなめられた。以来、私もそれが座右の銘になった。で、実際に同志社に入ったら、神学が本当に好きだということも分かった。

だから外務省に入っても神学の勉強は続けて、そういった人脈もできてきた。鈴木宗男事件で捕まって檻に入ったときも、最初に助けてくれたのは神学部の友人たちだった。それから自分自身も『旧約聖書』の「コヘレトの言葉」（伝道の書）を通じて、「何事にも時がある」ということを知ったし、どんなに巧《たく》みに動いても、人間は罠《わな》にかかることがあるということも学んでいたから、拘置所に五一二日間いても耐えることができた。そこから自分の最初の本を『国家の罠』というタイトルにしたんだけどね。

あなた自身が大学院で、今、本当に研究したいことをやっているのか。その研究したいことをどう深めていくのかということを解決すれば、同時並行的に自分がやっていることを人に理解してもらうという問題も、就職の問題も、私は解決していくと思うよ。

質問者　ありがとうございました。

第2部 真の意味の「エリート」とは

［対談］佐藤 優 × 野口範子

同志社大学がサイエンス・コミュニケーターを養成する理由

野口範子【のぐち・のりこ】京都市に生まれ育ち、京都市立堀川高校を卒業後、一九七七年筑波大学第二学群生物学類に進学。人体の仕組みに興味があり、医学系大学院に進み、解剖学で医科学修士、法医学で医学博士を取得。研究テーマは「酸化ストレスによる病気の発症と抗酸化による防御のメカニズム」。帝京大学法医学教室助手、米国留学を経て東京大学工学部助手、東大先端科学技術研究センター特任助教授の時に同志社大学工学部教授に着任。東大特任教授を兼任しながら二〇〇八年、生命医科学部設置に向けて尽力。一八年から学部長・研究科長、京都市教育委員会委員を務める。サイエンス・コミュニケーター養成副専攻を一年かけて準備し、一六年に開設した。学部を訪問して参画を呼びかけ、学生向けの説明会にも出かける。副専攻のカリキュラム編成や短期インターンシップ受け入れ先企業の開拓、そして、サイエンス・コミュニケーターの重要性を多くの人に知ってもらうため、様々なテーマで講演会を企画開催している。

I　現代日本に欠落している「文理融合」の知

予備校の「鬼教官」

佐藤　今回、トーク・ゲストとして野口範子先生をお招きしたのは、野口先生が主導して同志社大学で行なっておられる「サイエンス・コミュニケーター養成副専攻」は、ある意味、今日における「知の復興」「知の総合」の形を目指しておられると、かねてから尊敬して拝見していたからなんです。

野口　そう言っていただけると光栄です。サイエンス・コミュニケーター養成副専攻は私のいる同志社大学生命医科学部を中心に、学部横断的に行なっているんですが、まだまだ緒《ちょ》に就《つ》いたばかりです。

佐藤　私も今年（二〇一八年）の秋学期から「サイエンスとインテリジェンス」というテーマで講義を持つことになったわけですが、このサイエンス・コミュニケーター養成副専攻を野口先生が始められたのは二年前からでしたか。

野口　二〇一六年に設置しました。ですから、三年生から履修して今年大学院に進学した一名をのぞいてまだ卒業生を出していません。その意味ではこれからが本番ですね。

佐藤　サイエンス・コミュニケーターとは何ぞやというお話を伺う前に、私のほうの問題意識をまず述べさせてください。そうしたほうが一般の方にも分かりやすいと思うんです。

野口　よろしくお願いします。

佐藤　私は今、自分の母校である浦和高校で「総合科目」の時間を使って在学生に教えています。年に一一回の講義で、いちおう謝礼も出ることは出るのだけれども、都内から浦和までの交通費でそれは消えてしまうから、持ち出し覚悟でやっていますが、いろいろとこちらのほうが勉強になることのほうが多い。また浦高出身の浪人生とも交流があります。

これは、そうした生徒たちとの交流の中で聞いた話なんですが、東京・お茶の水の有名予備校の東大進学クラスには鬼教官のような担任がいるそうです。

この東大進学クラスはAとBの二つの教室があるんだけれども、その組分けは完全に成績順。Aからは年間二十数名の合格者が出るけれども、Bから東大に入れるのはほんの数名です。で、その人はAクラスのほうの担任で、彼女はこのAクラスの中でも生徒への接し方は学業成績で明確に区別されているというんですね。

つまり、彼女が懇切丁寧に教えるのは、合格・不合格のライン上にいる生徒だけ。合格間違いなしの生徒は放っておいても勉強するから世話を焼く必要はない。逆に現状のままではとても合格できそうにない生徒も相手にしない。教えることによって「結果」が出せるのは中間層だけで、上の層も下の層も教えることによって結果が変わるわけではないので、そこにはタッチしない。明確なんです。

それはたとえば勉強以外の指導についても同じで、「先生、このごろ自分はなぜこんなに頑張って大学受験をしなきゃいけないのか分かりません」「精神的に追い詰められて、よく眠れないんです」という生徒たちには「それは私の領分ではないから、病院に行きなさい。いい心療内科があるから紹介します」と、いちおう丁寧にアドバイスしてくれます。生徒の悩みを聞いても担任にとっては時間の無駄に過ぎないから、心の問題のプロに任せるというわけです。

もちろんこんな感じだから、Bクラスの生徒がこっそりAクラスで聴講しようとしてもつまみ出す。これが大学だったら「なかなかやる気がある」と黙認するかもしれないけれども、この担任にとってはBクラスの生徒の成績があがっても自分の功績にはならない。だから、容赦なく追い出してしまう。

教育産業と学校の違い

佐藤 で、この話を聞いて私がたいへん興味を持ったのは、こういう担任たちのバックグラウンドがどうなっているのかということでした。そこで、この予備校に通っている生徒たちなどに頼んで情報収集してもらったら、こういうことが分かった。

つまり、彼女たちは旧帝大か早稲田・慶應などの出身者で、卒業後は一般企業に就職したのだけれども家庭の事情で退職せざるをえなかった。要するに出産や育児で辞めたということでしょう。しかし、やはり自分の才能や知識を活かして、社会に還元したいというふうに考えて、この予備校で働くようになった。

といっても、彼女たちはあくまでも非正規雇用で、業務委託の形式なんですね。おそらく固定給プラス成果給。成果というのは、もちろんどれだけの生徒を志望校に入れることができたかということ。だからこそ、自分の成果につながらないような、無駄なことはしない。線引きが明確なんです。

この担任のことを教えてくれた生徒は「だからこの先生たちは信用できるんです」と褒めるんですが、私は違うと思います。

野口　ものすごく資本主義的な話ですよね。

佐藤　そのとおり。これは少なくとも教育ではありません。改めて言うまでもないことですが、予備校は教育機関ではない。教育産業の一部であっても、学校ではない。この担任の話にも、それが端的に表われている。

といって、私が自分の教え子たちに平等に接しているかといえば、そうではありません。むしろ、これ以上に区別している部分もある。
たとえば、あらかじめ課題を与えられている授業において、授業中に指名されて答えられないことが三度続けば、それからは指名しない。逆にきちんと答えられた学生に対してはその後も何度も指名する。また、その学生の学業の進歩の具合によって課題の中身も変える。並の学生には日本語の、それも一般向きの文献を読ませる。もうちょっと上の学生には、専門性のより高い日本語の文献を読ませる。そしてもっとも優れた学生には英文の文献を読ませる。そういった具合に課題の中身も個別に変えています。こういうふうにやっていると、努力を怠っている学生は自然と来なくなる。
野口 それはしょうがないですね。
佐藤 とはいっても、こちらから学生を「切る」みたいな残酷なことはしません。
野口 佐藤先生の場合は学生に対して個別対応をなさっているわけだから、予備校のやり方とは根本的に違いますよね。
佐藤 そう。三度答えられなかったからといって教室を追い出すわけではない。それからどうするかは彼／彼女が考えることと割りきっています。

公立高校の限界

佐藤　で、さっき言ったように私は今、浦和高校で年一回、総合科目の講義をしています。といっても、私自身は教員免許を持っていないので、あくまでも正規の先生の「補助員」というポジションではあるのだけれども、母校の後輩たちに教えるチャンスをもらっている。これは今の浦和高校の校長が私の同学年で、総合科目を担当している国語教師が高校一年の時の同級生で友人だという縁があったから成り立った話なんです。

で、そこでよく分かったのは今の公立高校のカリキュラムでは、とても文理融合の教養教育などは望めないという現実です。

というのも、浦和高校のような学校だと理系か文系かの選択を高校一年生の段階で行なわざるをえない。その時点から受験教育をしないと間に合わないというんだけれども、そうなるとどうなるか。理系を選んだ生徒は数学と理系二科目の勉強が主になるので、日本史、政経、倫理などの基礎教養系の勉強ができなくなる。世界史の授業はかろうじてあるけれども、その教科書は実業高校や工業高校などで使われる「世界史A」だから、中心になっているのは近現代史の話で、それ以前の世界史はひじょうに簡略化されているから、とても教養を身につけるというわけにはいかない。もっとも実際は教師が工夫をして世界史Bの内容を教えています。

野口 浦和高校に限らず日本の学校制度では、早い段階から文系か理系か選択させられてそのコースにのって受験に臨《のぞ》みます。大学に入ってからも大教室で一般教養科目をとる以外文系学部と理系学部の壁を越えて勉強することはむずかしい。私が文理横断型のサイエンス・コミュニケーター養成副専攻を作った理由の一つはそこにあります。

佐藤 「北京から東京まではバスで何時間くらいかかりますか?」なんていう質問を外国人から受けたとします。そういう外国人を我々ははたして尊敬することができるだろうか、という話ですよ。基礎教養を持たないというのは、そのレベルの質問を他者に投げかけてしまう危険があるという話で、それではエリート層に入れてもらえる可能性はゼロに近い。

しかも理系の場合、さらに問題なのは数学ですら暗記科目になっている。「暗記数学」を提唱している和田秀樹《わだひでき》さんは数研出版の『チャート式基礎からの数学』(通称・青チャート)にある解法を徹底的に暗記しろと勧めていて、それが今や受験界での常識になっているわけだけれども、それは基礎学力のある生徒にしか適用できない勉強法です。解法の元になっている公理、定理、公式の意味をきちんと理解して、自力で解法を導き出せるだけの能力を身につけないと数学をやったとは言えません。大事なのは青チャートに取り組むのではなく、教科書をきちんと読んで理解することです。教科書の地の文に書かれている事柄の意味が分かるようになれば、それだけで数学の成績が上がるようになります。

こうした事情は文系でも同じです。浦和高校では数Ⅲのレベルまで文系の生徒も学んでいますが、大多数の高校で文系クラスは、数学や理科はごくごく基礎を学んで終わりで、とても教養教育のレベルにまで及んでいない。

そこで私が行なったのは吉野《よしの》源三郎《げんざぶろう》『君たちはどう生きるか』（岩波文庫）を課題テキストにして、文系・理系の垣根を越えた学習をしています。たとえば、『君たちはどう生きるか』の冒頭を読ませて、「主人公はなぜコペル君と呼ばれているのか」という質問から、「コペルニクスについて説明せよ」「コペルニクス革命とは何か」「地動説と天動説はどちらが正しいか」「パラダイムとは何か」「本物の占い師とインチキ占い師をどう区別すればいいか」といった質問を次々に出して答えさせる。

これらは理系的な質問だけれども、今度は文系の質問にして「東京市はいつ東京都になったか」「なぜ『都』とする必要があったのか」といった話をしたり、文中に「省線」という言葉が出てくると「省線とは今の何線に当たるのか」という質問を出したりする。

また、さらにそこから内容に入っていって、「コペル君はつねに当事者の立場から語っているのに対して、叔父さんのほうは学理的反省者として『実は君の悩みはこういうことなんだよ』と全体を総括してみせているよね。これはヘーゲルの『精神現象学』の方法だよ」「そしてこのことを哲学者の廣松渉《ひろまつわたる》はフュア・エス（＝当事者にとって）と、フュア・ウンス（＝学知にとって）と名づけているんだ」と言った話もします。

こういった講義のスタイルをやるというアイデアは、実は野口先生がやっておられるサイエンス・コミュニケーター養成を意識したところから生まれたんです。サイエンス・コミュニケーターはまさに文理融合の知のあり方ですからね。

なぜ今、サイエンス・コミュニケーターなのか

野口 佐藤先生の講義にお役に立てたとしたら光栄ですね。

サイエンス・コミュニケーターを一言で表わせば「理系と文系の架け橋になる人、なれる人」と言うことができると思うんです。単に理系の知識を文系の人に分かりやすく語るだけでなく、文系の人たちの問題意識を理系の側にフィードバックする。その両方ができる人をサイエンス・コミュニケーターと私は考えています。ただ単に科学技術を分かりやすく伝える人ということではありません。

佐藤 野口先生はもともと、筑波大学で生物学を学んで、同大学院で医学、そこから帝京大医学部助手、東京大学工学部助手、その後、東京大学先端科学技術研究センターで研究を続けてこられた。ことに酸化ストレス、いわゆるフリー・ラジカルの研究では世界的に有名だとお聞きしていますわけですが、その野口先生がどうしてサイエンス・コミュニケーター養成に注目さ

れたんですか。

野口　個人的な経験でいえば、やはり二〇一一年三月十一日に起きた東日本大震災ですね。ご承知のとおり、あの地震と津波で福島第一原発は壊滅的と言ってもいいほどの被害を受けたわけですが、あのときにメディアやネットで語られた言説には疑わしいものが多かった。

佐藤　たしかにあのときに明らかになったのは、新聞社の記者たちがいかに科学知識に弱いかということでしたね。ことに首相官邸にいた記者たちはひどかった。そもそも原発の基本原理さえ知らない人たちだから、政府発表が意味することが分からない。分からないから立ち入った質問もできない。単に政府広報の垂れ流しになってしまった。

野口　ええ、私は原子力の専門家ではないですが、それでも「あ、これは何にも分かっていないな」という報道があふれかえっていましたし、また、テレビに出てくる「専門家」の話が実に分かりにくい。あれを見て、日本にはサイエンス・コミュニケーターが必要だということを強く認識したんです。

さらに原発の問題から数年後、今度はSTAP細胞問題が起きましたね。これは私の研究分野により近い領域の出来事でしたから、いよいよじっとしていられなくなってサイエンス・コミュニケーターを養成する教育プログラムの立ち上げに奔走し始めました。ちょっと時間はかかったんですが、ようやくサイエンス・コミュニケーター養成副専攻を立ち上げることができました。

「危険」だからこそ学ぶ

佐藤 同志社大学のサイエンス・コミュニケーター養成副専攻では科学史・原子力・原発というテーマでの講義も実際に行なわれていますね。これは反原発というスタンスなんでしょうか(巻末付録参照)。

野口 その点についてはかなりニュートラルな講義が行なわれていると思っています。基本は科学史ですので、核分裂の発見から始まって、マンハッタン計画に触れ、戦後の原子力行政について学ぶという流れになっていくんですが、そこでは戦後の日本でなぜ原子力発電所の建設が求められるようになっていったかといったエネルギー事情を学びながら、それと同時に日本学術会議が原子力三原則を打ち出した話や、反原発運動についても学んでいくという内容になっています。

佐藤 今、シラバスを見せていただきましたが、単に原子核物理学だけでなく、エネルギー行政や市民運動についても学んでいく……きわめて目配りの利いた内容になっていますね。

野口 ありがとうございます。日本のエネルギー政策について同時期の世界情勢と対比する形で講義が進められています。

佐藤　それで思い出したのですが、物理学者の湯川秀樹《ゆかわひでき》は冷戦時代、反核運動にコミットしていくんだけれども、その時に「科学者は自発的な意思によって、核兵器などにつながる研究は止めるべきだ」といった趣旨のことを発言した。それに対して、マルクス経済学者の宇野弘蔵《うのこうぞう》が徹底的に批判したんですよ。湯川秀樹のようにノーベル物理学賞をもらった人がこういう発言をしてもらっちゃ困るとね。

その理由は何かというと、第一に湯川博士は自分のことを「余人を以て代えがたい」と考えているからこういう発言が出る。原子物理学に限らず科学研究というのは誰にでもできる。一部の物理学者が研究を止めたからといって、それで物理学が止まると思っているのは大いなる思い上がりである。第二に、科学者がやるべきことはその核兵器が使われたときにいったいどういうことが起きるかを具体的に、実証的に明らかにして、それを世の中に提供するのが役目であって、物理学の研究を止めることで、世間の人が真実を知ることを妨げようとするなんて、とんでもない話だ。これも大いなる思い上がりである、と。

野口　まさにそのとおりですね。危険な技術だからこそ、自分が研究するんだというくらいの気概がないといけません。それは私の専門分野である生命科学においても同じことです。

佐藤　遺伝子組み換え技術などはその典型ですね。

野口　これからはゲノム編集も。だからこそサイエンス・コミュニケーターは必要なんですよ。

有限は無限を包摂しない

佐藤 同志社大学は松岡敬学長の下《もと》、「ALL DOSHISHA」というスローガンを掲げて、学部横断的な教育をやろうとしています。その意味でサイエンス・コミュニケーター養成副専攻をスタートさせるにはタイミングがよかった。

野口 具体的には二〇一六年から、私の所属する生命医科学部が中心となってサイエンス・コミュニケーター養成副専攻という形でプログラムがスタートしました。当初は生命医科学部と経済学部だけの参画でしたが、今では社会学部、文学部も参画し、四つの学部の学生たちが参加しています。

佐藤 将来的には私の教えている神学部も参加することになるでしょうね。あまり知られていませんが、神学は理数系、特に数学基礎論との相性がいい。たとえば、神と人間の関係性にしても、そこには無限（イコール神）と有限（イコール人間）という数学的理解が本質的に不可欠です。また、それとは逆に、現在の最先端の科学、たとえば人工授精やクローンの作製など生命倫理に関わる問題を神学的にどう取り扱うかといったことを考えるうえでも、正確な学問理解が必要になってくる。

野口　神学部の参画、大歓迎です。そこで、まず「サイエンス・コミュニケーターとは何ぞや」という話を簡単にさせてください。

最先端の科学知識を専門外の人たちに伝える、サイエンス・コミュニケーションという試みが最初に始まったのは十八世紀末のイギリスだとされています。

一七九九年に出来たイギリスの王立研究所では、設立当初から科学の啓蒙活動に取り組んでいました。いわばサイエンス・コミュニケーションの発祥の地と言ってもいいでしょうね。この王立研究所の活動で最も有名なのが、電磁気学で知られるファラデーが始めたクリスマス講演と金曜講座です。中でも一八六一年のクリスマスに創始者のファラデー自身が行なった講演は後に『ロウソクの科学』として本にまとめられ、今でも読み継がれています。

佐藤　今でも『ロウソクの科学』は岩波文庫で出ていますよね。

野口　ロウソクを題材にして、ものが燃えるときに起きるさまざまな現象を実験を交えながら説明した科学啓蒙書の古典です。

佐藤　その「啓蒙」を英語で言うとenlightenment、つまりロウソクを灯すということですからファラデーは実にセンスがあります。

野口　この王立研究所とならんで科学の啓蒙活動を行なっていたのは、一八三一年に設立された英国科学振興協会（略称ＢＡ）です。ＢＡは年に一回、「サイエンス・フェスティバル」と

「ロウソクの科学」を教えるファラデー

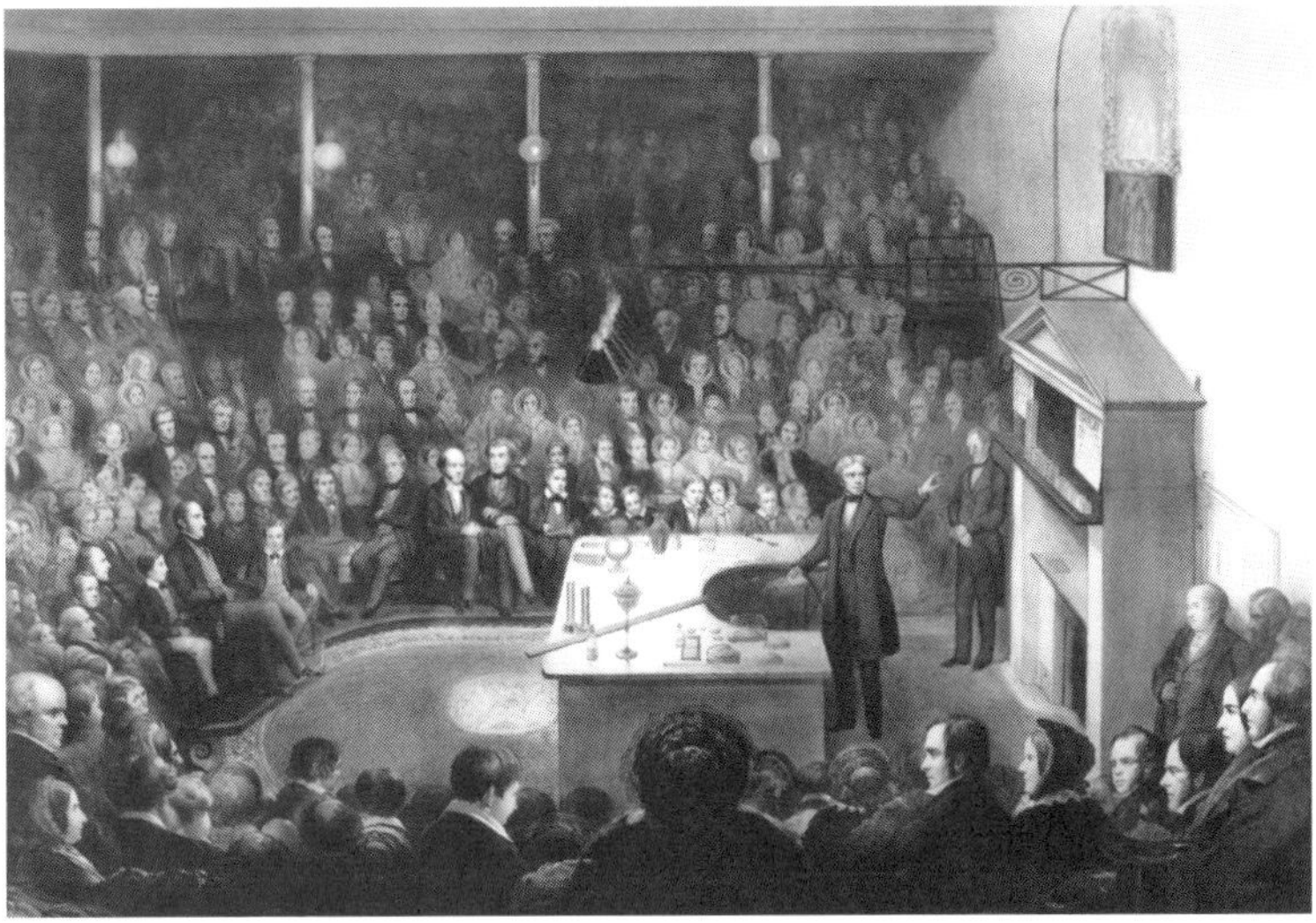

いうイベントを開いて、重要な研究業績を公表して科学と社会の橋渡しをしています。一八六〇年に行なわれたフェスティバルでは、その前年に発表されたダーウィンの『種の起源』が取り上げられたことで有名です。

なぜアカデミーが啓蒙を行なうのか

野口　佐藤先生のお話の受け売りなんですが、こうした科学の啓蒙運動によって人々は宇宙に輝く星も地球や太陽と同じような存在だということが分かって、神様がおられる天国はそこには存在しないのだと知った。そこでシュライエルマッハーによる近代神学では、神様は天の上におられるのではなくて、一人ひとりの人間の心の中にいると説いた。科学の光で神様の居場所も変わらざるをえなかった……ということでしたよね。

佐藤　神はどこにいるのかというのは今でもむずかしい神学上の問題ではあるんですが、科学の啓蒙が行なわれる前までのように「天にましますわれらの父よ」といった言葉で説明を片づけることができなくなった。ニュートン物理学によって、地上も天空も同じ物理法則が通用することが明らかになったから、天使が空を飛ぶような空間は天上には存在しえないんだとみんなが知った。そこでキリスト教としては、従来に変わる説明をしなくてはいけなくなった。その一つがシュライエルマッハーというわけですね。

それにしても今の野口先生のお話を聞いて私が興味を持ったのは、科学の啓蒙活動を始めたのが大学ではなくて、大学に存在するアカデミーだったということです。というのも、欧米の総合大学はどこでもその中核に神学部が存在するから、キリスト教と衝突する形での科学の啓蒙は行なえないんですね。その点、外部のアカデミーだったら、神学部は存在しない。だからアカデミーが啓蒙活動を担うことになった。科学技術の向上はそのまま国力につながってくるので、啓蒙活動は時代の要請だった。

野口　このような努力がなされてきたにもかかわらず、依然として文科系の教養の世界と、理科系の知識の世界の間には大きな溝が残っていました。そのことについて新たに問題提起をしたのが、ロイヤル・ソサエティという学会で一九八五年に公表された「ボドマー・レポート」

シュライエルマッハー

と呼ばれるものです。ロイヤル・ソサエティからの要請に応えてボドマー氏が議長を務める委員会で作られた報告書なので この名前がついています。ちなみにロイヤル・ソサエティは一六六〇年創立、世界最古の学会と言われています。

このレポートの注目すべき点は、科学者以外のすべての人々をあえて「公衆」と呼んで、それを五つのグループに分けて考察している点です。具体的には（1）個人的な幸福を求める私的個人、（2）民主社会の一員としての市民、（3）科学的な内容をふくむ仕事に携《たずさ》わる人々、（4）中間管理職や労働組合の専従者、（5）産業や政府などで意思決定に責任を持つ人たち……の5つです。

佐藤 興味深い分類ですね。実際には一人の人間でも、（1）から（5）までの要素を複数持っている人もいる。たとえば、科学的な仕事に携わる中間管理職で、オフの日には自分の支持政党のための活動をし、家に帰ったら良き夫・妻である、といった人物像が容易に浮かぶ。

でも、この五つの中でも特に注目すべきは最後の「産業や政治などで意思決定に責任を持つ人たち」、つまりエリート階層に対してアプローチをすべきだという提言です。日本で科学の啓蒙活動というと、科学の最新知識を面白おかしく、分かりやすく解説するというイメージを持たれがちだけれども、国や自治体の政策決定にも科学者が積極的に関わっていこうということですね。

政治と科学との架け橋

野口 このボドマー・レポートは公衆の科学への理解が不足していることを指摘し、理解の増進の重要さを主張しています。特に強調されたのが科学者からの、ジャーナリストや政治家へのアプローチです。これは日本でも同じですが、科学者がみずからジャーナリズムや政治にアプローチするのはあまり好まれない傾向があるけれども、その壁を打ち破って、積極的に正確な科学知識を伝える努力をしようというわけです。

ボドマー・レポートの提言が大きな刺激となって、ロイヤル・ソサエティは幅広い改革を行なって、エリート公務員から女性グループ向けの講座までさまざまな啓蒙の取り組みを始めるわけですが、さらに注目すべきことを行なったのが英国科学振興協会で、一九八七年に「メディア・フェローシップ」「ウェストミンスター・フェローシップ」というプログラムを始めます。これは単に広報活動をするだけでなくて、科学者みずからがメディアや政治の現場で一定期間働くというプログラムなんです。

佐藤 ウェストミンスターはイギリスの国会議事堂のことだから、現役の科学者が議員のスタッフになるということですね。

野口 おっしゃるとおりです。実際には個々の議員ではなく、議会科学技術室というところに勤務して、そこで議員向けの報告書作成に携わるということですが、科学者が議会の常勤スタッフになるというのですから、これは画期的なことだったと思います。

しかし、英国における啓蒙の動きはこれだけで終わりませんでした。次の段階として彼らが取り組んだのは、公衆に科学を伝える専門家、つまり狭義でのサイエンス・コミュニケーターの育成に乗り出しました。

具体的には一九九一年にロンドン大学インペリアル・カレッジが大学院の修士課程でサイエンス・コミュニケーターの養成を開始したのを皮切りに、ロンドン大学ユニバーシティ・カレッジ、日本における放送大学に相当するオープン・ユニバーシティなどがサイエンス・コミュニケーションの講座を開設するなど、他の大学にも続々とその動きが広がっています。

しかしながら、サイエンス・コミュニケーター養成の重要さが一般の人々に関心を持たれるのはBSEの問題が発覚してからです。日本では狂牛病として話題になりましたが、英国ではBSE感染牛から人間への感染の可能性を否定し続けてきていた政府が一九九六年に感染の可能性を認めたわけですから、人々の科学者や政府への不信感が一気に爆発しました。

こういう背景もあって、育成したサイエンス・コミュニケーターを受け容れる場がイギリスにはたくさんあるということなんですね。それは博物館だけでなく、マスメディア、政府機関、そして一般企業……そうした受け皿がイギリスの場合にはたくさんある。

ことに政治との関連でいえば、ロイヤル・ソサエティが二〇〇一年から始めた「国会議員と科学者の交流計画」では、博士号を取得している現役の科学者が、現役の国会議員とペアを組んで議員活動を体験したり、逆に国会議員が研究室を訪問したりするといった形での相互交流を行なっています。つまり、啓蒙から対話を重視することへ転換しています。

また、二〇〇六年に行なわれたアンケートでは過去一年間に何らかの形でサイエンス・コミュニケーションに携わった科学者は全体の七四パーセントに及んでいます。これは科学者の側が啓蒙に熱心なだけでは達成できない数字で、やはり受け容れる側も先端科学に対して積極的に知りたがっている表われだと思いますね。

冷戦終結で生まれた「アウトリーチ」

佐藤 アメリカではサイエンス・コミュニケーターの育成はどんな状況なんですか？

野口 アメリカではサイエンス・コミュニケーションを拡充するために、「アウトリーチ」活動に力を入れています。特に、一九九〇年代以後、急速に行なわれるようになっています。

佐藤 一九九〇年代以後というと、ちょうど冷戦終結期ですね。それと関連がある？

野口 まさにおっしゃるとおりで、それまでのアメリカはソ連との軍拡競争をしていたために科学と政治は一体化していた部分があるんですね。そういう時代にはわざわざアウトリーチで、科学者が政治家に訴えかける、一般大衆に訴えかける必要性は低かった。冷戦の終結を迎えて人々は科学の振興からより直接的な利益を求めるようになったわけです。

佐藤　科学技術の面でもソ連に負けてはならないというのがアメリカ人全体の意識でしたからね。でも、冷戦が終わったらもうその必要はない、というわけですね。

野口　はい、ここでアメリカの科学者たちは以前にもまして政府や一般大衆に対して、科学研究の必要性を訴えかけなくてはならなくなった。そこで「アウトリーチ」ということがさかんに言われるようになったようです。

アメリカで特徴的なのは、大学のジャーナリスト学部で積極的にサイエンス・ライターの養成を行なうようになったこと、また米国科学振興協会が「科学技術政策フェローシップ」というプロジェクトを実施していることが挙げられます。

ことに後者は博士号を持った科学者やエンジニアに、一年間、連邦政府の官庁や連邦議会のスタッフとして働く機会を提供しています。科学者が政治の世界を実際に体験することで、どのようにすれば最新の科学の知見を政策立案に活かしていけるのかのノウハウを蓄積しようという試みで、すでに数千人の科学者がこれを経験しているといいます。

イギリスと同様、ここでも科学者・技術者と政治家・官僚との間の交流が積極的に進められています。日本では考えられないことですが。

テイクオフできない日本の現状

佐藤 お話をうかがっていると、英米に比べて日本はかなり出遅れている感じを受けるのだけれども、実際はどうなんですか。

野口 残念ながら、まさしくそのご懸念どおりですね。

日本で科学振興の必要性が叫ばれるようになったのはアメリカと同じく一九九〇年代ごろで、「若者の科学技術離れ」がひじょうに問題視されていました。平成五年（一九九三年）版の科学技術白書はこの言葉をサブタイトルに使っているくらいですが、この時期から理工系に進む学生が減りはじめていることが問題になっていました。

この時期はまだ「教育問題」というくくりで扱われていたんですが、二〇〇一年になって先進国で成人の科学リテラシーを比較してみたところ、なんと日本は一四ヵ国中の一三位という体《てい》たらくだったので「これではいけない」となって、その中でサイエンス・コミュニケーターを養成するという話が出てきたんですね。

佐藤 それでもまだ最下位じゃなかったというのが、私には驚きですけれどね。

野口 たしかに（笑）。しかし、これですぐに政治が動いたかというと、そうでもなくてサイエンス・コミュニケーター養成に科学技術振興調整費という予算がついたのは二〇〇五年のことだったんです。一九九六年に設置された科学技術基本計画の第三期に入ろうかという頃です。東京大学、北海道大学、早稲田大学でまずプロジェクトが立ち上がりましたが、結果を先に言ってしまえば、十数年経ったけれども、期待された成果は得られていないというのが現状です。

佐藤　東大、北大、早大はどこで躓《つまず》いたんですか。

野口　一口にサイエンス・コミュニケーター養成といっても、大学ごとでアプローチが別々で、うまくいかなかった要因もそれぞれ違います。東大の場合は「科学技術インタープリター」を養成するということで、大学ではなくて、まず大学院に副専攻を作った。それが失敗でした。

佐藤　大学院に入ってからサイエンス・コミュニケーターを目指すというのは要するに「このままでは就職口がないから、とりあえず資格でも取っておくか」ということでしょうからね。

野口　ご明察です。研究職を目指しているからこそ大学院に進むのであって、それを途中で鞍替えするような流れになるとどうしても意気が上がりませんよね。そのあたりは東大も分かっているらしくて、今では学部に科学技術インタープリター養成プログラムを広げて開設しています。

北大のほうは科学技術コミュニケーター養成ユニットという名前なんですけど、一般市民に科学技術の面白さなどを伝えることを重視しています。大学院生ももちろん受講しているのですが、社会人にも広く門戸を開いているのが特徴ですね。そのため成果を把握しにくい。

佐藤 北海道は日本の中では、「開かれた市民社会」が根づいている場所だから、自然と市民との結びつきを重視するスタンスになるんでしょうね。ただ、そうなると企業や政治などで活躍するというわけではないから、就職が心配ですね。

野口 でも、まだ東大も北大もこうしたコースを続けていますが、早稲田の場合は……。

佐藤 早稲田はどういうコースだったんですか。

野口 伝統的に早稲田はジャーナリズムに強いということで、科学技術ジャーナリストの養成を主眼にしたんですよ。

佐藤 ああ、それじゃダメですね。はっきり言って、早稲田大学のジャーナリスト講座というと、たいてい、みな大きな新聞社や通信社を退職した人たちが教えているんです。つまり、会社勤めは辞めたけど、かといってフリーランスのジャーナリストとして食っていけるだけの自信がない人が少なからずいる。しかも、教師としてのトレーニングを受けているわけでもない。そういうところで科学ジャーナリストを育成できるわけはありません。

野口 早稲田も二〇〇五年に大学院政治学研究科に「科学技術ジャーナリスト養成プログラム」を開設したのですが、三年後に科学技術に限らず「修士（ジャーナリズム）」の学位を授与する「ジャーナリズムコース」を設置しました。つまりサイエンス・コミュニケーターは影を潜《ひそ》めてしまったというのが現状ですね。

佐藤　そうなると今、サイエンス・コミュニケーター養成をしているのは東大、北大、そして同志社……この三校になるわけですか?

野口　このほかに国立科学博物館、静岡科学館る・く・る、そして毛利衛《もうりまもる》さんが館長を務めておられる日本科学未来館でも養成講座が行なわれています。毛利さんの日本科学未来館や静岡科学館では科学コミュニケーターと呼ぶようですが、前者では五年間のコースで、その間、ちゃんとお給料も払って養成して、社会に送り出すということもやっているそうです。同志社大学のサイエンス・コミュニケーター養成プログラムは関西初ということになります。しかも学部学生を教育することに重点をおいているところは他にはほとんどないと思います。

Ⅱ 「教養の底上げ」のために今、やるべきこと

「出口戦略」の重要性

佐藤 そこで同志社のサイエンス・コミュニケーターの話になるんですが、同志社のプログラムが成功するかどうかはひとえに出口戦略、つまり就職先をどのように提供できるかにかかっていると思うんですよ。たとえば、今、日本科学未来館のケースとして五年間、給料をもらいながら講座を受けられるというのは一見すると魅力的な話に聞こえるんだけれど、それが終わったあとに就職できるかできないか、そっちのほうが重要なんですね。サイエンス・コミュニケーターという仕事の性質を考えると、こうした講座を終えて研究職に就くというよりも、公的機関なり、企業なりに就職するほうが自然ですよね。そこのところをケアしないで、「さあ、あとは自力で就職しなさい」と言っていたら人気は出ないですよね。

野口 そうですね。うちの場合はまだ始まったばかりで、就職問題はこれからというところなんですが大変重要だと考えています。

佐藤　サイエンス・コミュニケーターを養成するとなったら、やはり学部の三年間だけでは足りないから、修士課程に進んで合計五年はかかりますよね。だからもうちょっと時間はある。

野口　残念ながら同志社にはまだ大学院のプログラムはないので、これから拡充していく必要があります。

佐藤　これはちょっと別の話だけれど、今、五十代以下でロシア政治の専門家は日本にいないんですよ。

その大きな理由の一つはロシア史を学んで、どこかの大学に研究職として入ろうとしても受け容れてくれるのは西洋史という枠になってしまうわけです。そうすると競争が激しいから、なかなかロシア現代政治史では就職がむずかしい。だからロシア政治というテーマに興味があっても、それを選ぶというのは相当の勇気と運が必要。一方、中央アジア史とかコーカサス史というと、相当にマイナーな選択のように聞こえるけれど、中央アジアだと西洋史と東洋史のどちらも受け容れてもらえるから、単純計算で倍の就職先があることになる。

それだから一時期、東大でロシア語ができる大学院生はこぞって中央アジアを専攻した。その結果、「カザフスタンの部族の大ジュズの研究」とか「キルギスにおけるバスマチ運動」といった研究ばかりが増えていって、ロシア政治の、メインストリームの研究者がいなくなってしまった。結果として、ロシアの今が分かる専門家が全然養成されていないというのが現状なんです。
そういうわけで、やはりこういう人材養成をやる場合には出口をきちんと用意してやらないといけないんです。
そこで私ならば、やはり修士課程に進んだ人たちは全員が地方公務員上級に行けるようなバックアップ体制を整える。

なぜ地方公務員上級のほうがいいか

佐藤 なぜ中央官庁ではなくて、地方公務員のほうがいいかというと、中央官庁だと昔から上級職の理系採用というのがあって、彼らが行政に対して科学技術をプレゼンテーションをするという役目もしてきた。外務省なんか、技官がいないように見えますが、実はいるんですよ。

野口 その人たちはどういう仕事をしているんですか？

佐藤 たとえば私と同期で入省してきた、名古屋工業大学から東工大の院を出た人は数学の専門家だった。何を専攻してきたのかと聞いたら「待ち確率をやってきた」と。待ち確率っていうのは、簡単に言うと、エレベーターをどのようにプログラムすると最も待ち時間が少なくなるかといったことを確率論的に考えていくものらしいんだけれども、彼は入省後は暗号や情報システムの研究をしていましたね。

野口　たしかに外務省だと暗号の研究は欠かせませんね。

佐藤　実際のシステム開発は富士通やＮＥＣといった企業に発注するんだけれども、そのシステムはいったいどのようなものであるかを幹部に説明できる人材が必要なんです。彼はそういう仕事をしていましたね。

そのほかにも東大の農学部で漁業を研究した人もいた。彼は大学院でハマチの養殖を研究していたと記憶しています。漁業室で勤務することが長かったのですが、最後、衆議院に出向して渉外部長にまで出世しましたね。

野口　その人はどんな仕事を？

佐藤　諸外国との漁業権交渉です。ちなみに外務省の漁業室長ともなると水産庁とほぼ対等の力がある。そこでさまざまな調整を行なったりするわけですね。どういうわけか、私のいる情報課に配属になって、そこで私の上司になったことがあるんです。

それはさておき、国家公務員上級でサイエンス・コミュニケーターの道を進むことは不可能ではないけれども、やはり狭き門。

それに比べて地方公務員の上級職というのは国家公務員よりもむしろ自由度が高くて、きちんとした能力と志さえ持っていれば何でもできる世界です。また、国家公務員試験の準備にはかなり時間とエネルギーがかかるので、大学でサイエンス・コミュニケーターの勉強に真剣に取り組む余裕がなくなるリスクもある。でも地方公務員ならばサイエンス・コミュニケーターとしてのトレーニングを受けていれば、かならずそれを活かせる場所に行ける可能性が広がっている。北海道庁なんて年間予算は三兆円近いんだから下手に中央官庁に行くよりもいい。

それに地方公務員を五年間務めたという実績があると国際機関へも入ることができる。ローカル・ガバメントに勤務して、修士号があって、五年の実績があれば、日本はユネスコやユニセフ、WHOなどにたくさんの拠出金を持っているわりに人を送り出していないから、それなりの資格があれば入りやすいんです。

野口 まさにキャリアパスが重要ですね。学生たちに聞いてみても、何がいちばん気になるかといえば、やはり「就職」。サイエンス・コミュニケーターに興味があっても、就職口があるかないかが問題になってくる。「サイエンス・コミュニケーター」という資格はないので職種として認識されにくいという問題があります。どうやって認知度を上げるかが課題です。

佐藤 せっかく何年間もサイエンス・コミュニケーターの養成コースを受けても、その人材を受け止める側の企業や官庁の理解が低いと、せっかくの知見が活かせないばかりか、ただの便利屋として使われておしまいになる可能性もある。かりに新聞社やメディア企業に入れても、かならずしも科学部や政治部、経済部など力を発揮できるセクションに配属されるとは限らない。そういうことだと、サイエンス・コミュニケーター養成副専攻を志望する学生はどんどん減っていきますからね。

もちろんすでに野口先生のところでは、就職についても手を打っておられるわけですよね？

野口　はい、サイエンス・コミュニケーターの短期インターンシップ先として地元の企業、たとえば島津製作所や京セラ、イシダといったところにお願いして、学生を送り込んでいます。そういうことをしていけば、同志社にはサイエンス・コミュニケーターという養成コースがあって、良質な学生がいるということを先方にも分かってもらえますしね。

実はサイエンス・コミュニケーターの重要さをすでに認識しておられる企業もあります。メディア関係では、毎日放送、読売テレビ、京都放送などの放送局、そして新聞社各社も短期インターンシップを受け入れてくださっています。京都市動物園も積極的に協力してくださっているんですよ。

佐藤　そういうことでいえば、さっきは地方公務員上級という話をしたけれども、関西にある政府機関——たとえば近畿財務局のようなところを、国家公務員の一般職枠で入ることを狙うという手もありますよね。

野口　近畿財務局というと、最近は評判が悪いですが。

佐藤　だからこそ、変なふうにおカネを使わないように人材を送り込むのだと考えたらどうでしょう。

シンギュラリティという「マジック・ワード」

野口 科学を知らない人が行政をやっているために、おかしな予算の使われ方がされているという例はそこかしこにありますね。

佐藤 その典型的なケースが、例のスーパーコンピュータ助成金事件ですよ。

※二〇一七年十二月にペジーコンピューティング元社長の齊藤元章氏が国からの助成金を不正に受け取ったとして逮捕、起訴された。翌年五月の初公判で出廷した同氏は六億五〇〇〇万円あまりの助成金詐欺を認めた。

あの斎藤氏が逮捕前に注目を集めていたのは、いわゆる「シンギュラリティ（技術的特異点）」。つまり、人工知能（AI）が人間の知性を追い抜く時代がかならずやってくるという話でした。彼の説によれば、シンギュラリティの時代になれば「不労不死」、つまり働かなくてもいいし、死ぬこともない世界がやってくるというわけですが、人工知能「東ロボくん」の開発者である新井《あらい》紀子《のりこ》さん（国立情報学研究所社会共有知研究センター長）によれば、「シンギュラリティが来る」という話は「土星に生命がいるかもしれない」という話と五十歩百歩のことで、それを前提に国家の政策について検討するのはどうかと問題提起をされていますが、これは私も同感です。

野口　シンギュラリティという言葉は未来を語る単語というよりは、むしろ恐怖を煽《あお》る単語として用いられていますよね。ある種の毒を持っている。私もシンギュラリティについて、いろいろな人と話をしているんですが、ＡＩがどんどん自己学習をしていけば、いずれ人間の知性を超えられるんじゃないかという人もいます。

しかし、私はどうしてもＡＩにはできない部分というのは残ると思うので、そんなに恐怖を覚える必要はないと思っているんですよ。どんなにＡＩが学習しても乗り越えられない「人間らしさ」というものがあると思っています。

佐藤　その「人間らしさ」というのは、具体的にはどういうことだと思われますか。

野口　まだはっきりと考えがまとまっているわけではないですが、世間では「ＡＩが人間の仕事を奪う」と言っていますね。たしかに、そういうことは起きていくと思うんです。でも、それで齊藤氏の言っているように「働かなくていい世界」が来るかというと疑問なんです。というのも、仕事がなければ仕事を見つけちゃうのが人間だと思うんですね（笑）。

ロボットやＡＩに任せて時間もおカネも余裕ができたからといって、その分をすべて趣味や余暇に使うとは私には思えない。やはり人間にとっての仕事というのはある種の幸福感や充実感につながってくるものですから、かりに「ＡＩに仕事が奪われる」時代がやってきたとしても人間はまた違う仕事を発見することになるんだろうと思います。

「否定神学」と「東ロボくん」

佐藤　今の野口先生のお話はひじょうに示唆に富んでいると思います。というのは、結局、シンギュラリティという言葉が使われるときに、その大前提となっている知性とか労働とか、そういう基礎的な概念が、数学で言うところの公理系として検討されていないといけないのが、えてして工学系の人たちの議論はそこをすっ飛ばして、いきなり応用に行くんですね。そもそも知性とは何だろう、そもそも学習とは何だろう、労働とは何だろう……そうした合意がないところで話をしても意味がない。

その点、「東ロボくん」の新井紀子さんがやっていることは、AIで何ができるかを研究するというよりも、AIで何ができないかを詰めていっている。一種の否定神学の方法なんですよね。

野口　新井さんはAIは東大を合格するだけの知能を持つことができるかを調べていって、その結果、今のAIには文章題ができないということを発見したわけですよね。

佐藤　シンギュラリティの話をする人たちは「AIならこういうことができる」「AIでこういうふうに世界が変わる」と言うんだけれども、新井さんは「AIでも、こういうことはできない」「こういうことが苦手だ」ということを明確にしてくれた。

野口　ＡＩのできることを、いわば否定形で定義しているわけですね。

佐藤　で、彼女と話して分かったんですが、新井さんはカルヴァン派のクリスチャンなんですよ。ここが重要だと思った。

野口　そうだったんですか。面白いですね。

佐藤　だから、私と考え方が似ているんです。というのも、カルヴァン派の基本テーゼは「有限は無限を包摂しない」と考える。これに対して同じプロテスタントでもルター派は「無限を包摂する有限」というテーゼがある。これはプロテスタントを二分している基本的な考え方の違いなんだけれども、新井さんのＡＩ観にはカルヴァン派の思想の影響を感じるんです。

野口　つまり、コンピュータという有限の中からは無限の可能性は出てこない、ということでしょうか。

佐藤　シンギュラリティを唱える人たちは有限が無限を包摂すると考えているんだろうと思うんですよ。彼らによれば、コンピュータのハードウェアとしての性能をどんどん発展させていけば、ブレークスルーが起きるというわけですね。ハードウェアは実体があるものだから、しょせん有限です。具体的に言えば、たくさんのメモリーチップを搭載して、それを液体窒素などで冷却していけば、性能値は上がります。しかし、それはあくまでも有限の中での向上に過ぎないはずなんです。そこのところをどう考えているか、彼らにしっかり聞いてみたいんです

実験室の小保方晴子氏

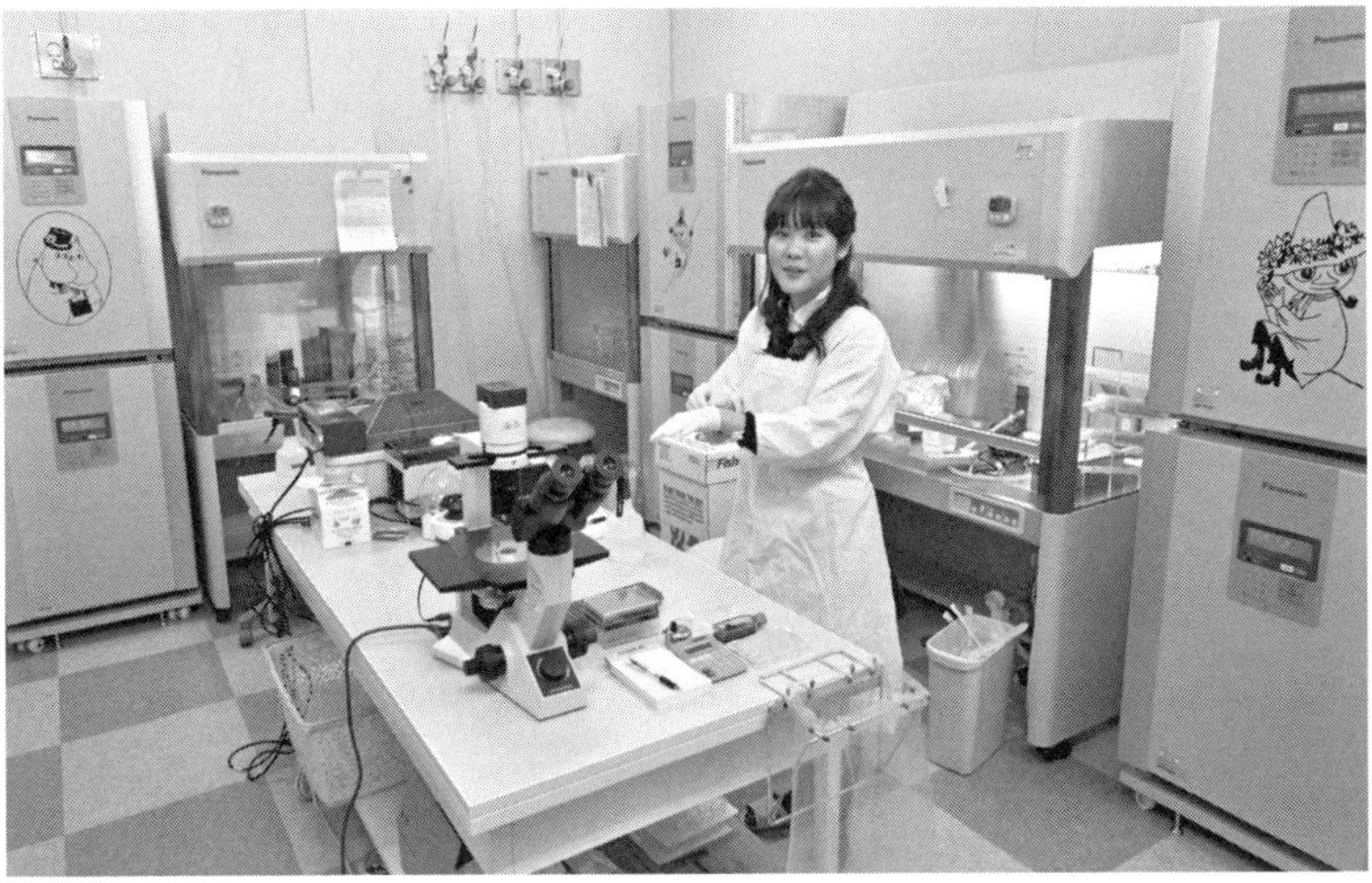

けれどね。

最初から怪しかった「STAP細胞」事件

野口 裁判があるから、今はなかなか聞けないでしょうね。でも、その話は小保方晴子さんのSTAP細胞にも通じる気がします。

佐藤 たしかにそうです。彼女によれば普通の細胞に刺激を与えていけば、何らかのブレークスルー的現象が起きて、万能細胞になると言っているわけですから、これも言ってみれば有限から無限を導き出す話ですね。

野口先生、私は生物学の素人だけれども、彼女が最初にSTAP細胞を発表したときから「これは変だ」という印象を持ったんですよ。特に理研の側が何かを隠しているなと思った。

野口 それはいったいどういうところですか？

佐藤　というのも、理研は彼女を売り出すときに「おばあちゃんの割烹着《かっぽうぎ》」というのをさかんに宣伝して、美談にしたでしょう？

野口　たしかにそうでしたねぇ。

佐藤　マスメディアもそればかりを取り上げていたんだけれども、その報道を見て「待てよ」と思った。いや、メディアというのはストーリーがそこにないと報道しないから、「おばあちゃんの割烹着」というアイテムを使うのは分からないではないんですよ。でも、おばあちゃんが出てくるんだったら、普通はご両親もそこに出てきますよね。

野口　あ、そういえば、彼女のご両親の話は聞いた記憶がないですね。

佐藤　理研はあの記者会見をやるために、彼女に割烹着を着せて、パステルカラーの研究室も作ったわけでしょう。だったら、ご両親を担ぎ出して、彼女がいかに幼いころから利発な子どもであったかを語らせるのが広報としての定石です。それなのにマスメディアは彼女の両親にインタビューしなかった。蛇の道は蛇だから、メディアはきっと彼女の実家の住所も割り出していたはずです。なのに、ご両親はメディアの前に姿を現わさなかった。

それを見ていて、私は「これはどうも変だ」と思ったんです。

そうしたら案の定、ＳＴＡＰ細胞はフェイクではないかという報道がどっと出ました。そこで私は「ああ、だから彼女の家族は出てこなかったのか」と得心《とくしん》がいったんです。

野口 といいますと?

佐藤 もちろんここから先は推測ですが、あの記者会見を見た家族は「ああ、またやったな」と思ったんじゃないでしょうかね。家族は彼女の性格も過去も知っていますからね、たとえメディアがさんざん持ち上げても、「これは近寄らないほうがいい」と考えたんじゃないでしょうか。

野口 言ってみれば、「前科」があったということ?

日本社会に潜む構造的な問題

佐藤 私は小保方晴子さんについて注目すべきは、彼女が一度も普通に試験を受けないで進学や就職をしている点だと思っているんです。東邦高等学校の入試については情報がないから分からないけれども、早稲田大学はAO入試で入っているし、早稲田の大学院を出たあとのキャリア、東京女子医大の先端生命医科学研究所の研修生になったのも、ハーバード大学のバカンティ教授の研究室に短期留学したのも、理化学研究所に入ったのも、そこにはかならず彼女を引き立てた人たちの存在がある。普通にドアをノックして、試験を受けたわけではない。早大大学院の修士論文だって、審査がずいぶん甘いんじゃないのかという話が出ましたよね。

つまり何が言いたいかというと、これは彼女自身の問題もさることながら、彼女のような

「モンスター」を産み出す日本社会に構造的な問題があるんじゃないかということなんですよ。

話の次元はちょっと違うけれども、戦前の陸軍の将校の出世は「天保銭組《てんぽうせんぐみ》」といって、陸軍大学校を出たかどうか、しかも、同じ天保銭組でも卒業時の成績順位が何番であったかで決まった。天保銭組という呼び名は、陸軍大学校の卒業時に与えられる徽章《きしょう》が、江戸時代の天保通宝に似ていたことからつけられたそうです。

たとえ軍人としての資質が優れていても陸大を卒業していなければ出世はまず望めなかったし、逆に卒業時までは優秀でも、そこから勉強をまったくしないで指導者としても無能であったとしても、よほどのことがないかぎり、出世コースを歩めたわけですね。そうした陸軍部内での評価システムの問題を追及しないで、たとえば東条英機《とうじょうひでき》の資質や山下奉文《やましたともゆき》の資質を云々《うんぬん》しても意味がないと思うんです。

野口　たしかにそうした構造を正さない限り、何の解決にもなりませんね。

佐藤　ＳＴＡＰ細胞についての疑惑も、彼女自身の資質だけをあげつらっていたのでは何の意味もないんですよ。むしろ、なぜ彼女が理研で研究室を持てるまでに出世したのか。その構造的な要因を解き明かさないと本質が見えてこない。

今でも小保方晴子擁護論は根強いですが、なぜそうなるかというと問題の本質が解明されていないからですよ。

野口 オボちゃんは悪くない、悪いのは周りの男たちだと言っている人たちがいるようですね。

佐藤 その後も中央公論新社からは『小保方晴子日記』が出版されているし、その元になったのは同社の「婦人公論」の連載でした。少なくとも講談社と婦人公論の担当者は彼女の主張にも正当性があると思っているんでしょうし、また『日記』を買っている人の大多数も彼女の主張の正当性を信じているんでしょう。

同志社の講演会（本書第1部）でも話しましたが、私は彼女は一種の錬金術師だと思っているんですよ。

野口 はい、そうおっしゃっていましたね。そして、錬金術は一種の催眠術なんだとも。

佐藤 そう、錬金術師はモノの性質を変える術を持っているのではなくて、その場に居合わせた人々の深層心理を操って、モノの性質が変わったと思わせる能力を持った人のことを言う。小保方晴子さんはそういうタイプの人だと思うんです。

野口 その力は今でも通用しているということでしょうね、小保方さん擁護派の人たちに対して。

佐藤 しかし、だからといって、彼女の書いた物を読まないで無視するというのはかえって有害です。むしろ、彼女の言行を積極的に読むことによって、今の日本における理系の問題点が逆照射されると私は思っているんですよ。

野口　いたずらに彼女を追放するだけでは問題解決にはなりませんね。

ヒトラーを防ぐにはヒトラーを知らなければならない

佐藤　ヒトラーの『我が闘争』は、二〇一五年までドイツ国内では出版ができない状況が続いてきました。ヒトラーの著作権が切れた今では自由に出版できるようになりましたが、今でも『我が闘争』を出版すべきかどうかの論争が続いています。しかし、ヒトラーの再来を防ぐためにはやはりヒトラーの研究は絶対に必要であり、したがって彼の著作である『我が闘争』の研究も必要だと考えています。ヒトラーの著作を出さなければ、ヒトラーの再来を防げるという発想はむしろ非科学的です。だからドイツの現代史研究所が学術的な批判を徹底的に行なったうえで註と解説をつけた『我が闘争』を二〇一六年に刊行した（*Hitler, Mein Kampf-Eine kritische Edition*, Institut für Zeitgeschichte）。それと同じことが小保方さんについても言える。

野口　私の周囲にも中央公論新社のような立派な出版社が『日記』のようなものを出すのはけしからんと怒っている人は多いです。しかし、彼女の言論活動を止めたからといって、第二のＳＴＡＰ細胞事件を防げるわけではないのも事実ですね。ただ、研究者の立場からすると、研究データの改ざんや捏造は、絶対やってはいけない、やらない、ということを大前提として、どんなに苦労しても実験を繰り返して確認するのが研究者で、それを破る人間を受け入れることはできないということを知っておいてもらいたいと思います。

佐藤 それはおっしゃるとおりです。ちなみにキリスト教が錬金術を否定するのは、錬金術は「神を操る技術」を呼称するからなんです。

野口 卑金属を貴金属に変えるというのは、神にしかできないことだというわけですね。

佐藤 先ほどの無限と有限の話で説明するならば、有限なる人間は無限の存在である神を操作できるわけがないということなんです。キリスト教の考えでは、人間が理解できるような法則性は神には存在しない。神の出現のしかたは一回一回、まったく異なるので、「こうすれば神が出現する」というアプローチを考えることすら無意味であるというスタンスなのです。

野口 なるほど、それはひじょうに明快なロジックですね。

佐藤 でも、そこで面白いのは科学というのは、ある側面では神を理解しようとする試みとも言えます。だから、科学と錬金術は親和性が高いんです。

野口 そういえば、ニュートンは最後の錬金術師だったという本がありましたね。

佐藤 私から言わせれば錬金術師はニュートンで終わりではありません。アインシュタインにもその側面があったと思います。

野口 というと?

佐藤　アインシュタインですら「エーテル」のような概念を完全に否定したとは言えないと思います。エーテルというのは、もともとはデカルトが考えた仮説だと言われていますが、宇宙空間には人間には感知できない微細な物質が満ちていて、それが光を波動として伝えている、それがエーテルなんだというわけです。こういう仮説は一歩間違えると錬金術そのものですよね。

野口　そのエーテルなるものを操れば、宇宙も操れる、という考えもできなくはないですね。

佐藤　もちろん、物質としてのエーテルをアインシュタインは認めていませんが、彼は「エーテル」という名前だけは理論の中に残しました。そういう意味では現代の物理学は錬金術の正当な継承者であるとも言えます。こういうあたりを説明してくれるサイエンス・コミュニケーターが活躍するようになってくると日本社会はそうとう変わっていくんじゃないかと私は思っているんですよ。

野口　ありがとうございます。

「暗記数学」がもたらしたものとは

佐藤　先ほども理系の受験が完全に「暗記数学」化してしまったことを話しましたが、その弊害はいたるところに生まれていると思うんです。

野口 危機的状況と言ってもいいでしょうね。

佐藤 数学とは非言語的論理であって、我々が日常的に行なっている言語による論理思考の誤りを正す力がある。だからこそ我々は数学を学ばなくてはならないわけですが、そこのところの基本ができていないものだから、妙な「論理」を構築してしまう。その典型的な例がネトウヨ的言説ですね。

野口 というと、たとえばどういうことでしょうか。

佐藤 ちょっと前になりますが、国際政治学者の三浦瑠麗《みうらるり》さんがテレビ出演をして、こんな発言をしました（ハフィントンポスト二〇一八年二月十二日）。

三浦 もし、アメリカが北朝鮮に核を使ったら、アメリカは大丈夫でもわれわれは反撃されそうじゃないですか。実際に戦争が始まったら、テロリストが仮に金正恩さんが殺されても、スリーパーセルと言われて、もう指導者が死んだっていうのがわかったら、もう一切外部との連絡を断って都市で動き始める、スリーパーセルっていうのが活動すると言われているんですよ。

出演者A 普段眠っている、暗殺部隊みたいな？

三浦 テロリスト分子がいるわけですよ。それがソウルでも、東京でも、もちろん大阪でも。今ちょっと大阪やばいって言われていて。

出演者B　潜んでるってことですか？

三浦　潜んでます。

野口　大阪には北朝鮮のスリーパーがたくさんいる——問題発言ですよね。

佐藤　野口先生のように数学的トレーニングを受けている人だったら、この発言がおかしいことは一発で分かるわけですが、論理学、集合論が分かっていないと、こういう言説に簡単に引っかかるんですね。

この話の問題点は「スリーパーがいる」ということでなくて、それが「今ちょっと大阪やばい」と限定したことにあります。インテリジェンスの世界では日本に北朝鮮の秘密工作員、いわゆるスリーパーがいるというのは常識です。二〇一六年の暮れぐらいから、平壌放送が一日の放送を終了したあとに乱数表らしき数字を延々と流しているのも、日本にいる工作員へのメッセージであると推測されています。

しかし、北朝鮮の工作員がいるという情報から一足飛びにスリーパーが大阪に多いという推論を導き出すことはできませんよね。

野口　常識で考えたら、政治経済の中心である東京にたくさん工作員がいるというほうが自然ですよね。大阪では諜報活動の場はあまりなさそうです。

佐藤　そのとおりです。だのに、彼女は「大阪やばい」と言っている。その「根拠」となっているのは、単に大阪には在日韓国人／朝鮮人が多いからという事実からでしょう。

野口 それは偏見ですよね。

佐藤 もし、これが公安当局者から「危険な北朝鮮工作員が大阪に潜伏している」ということを彼女が教えられて語っているとしたら別ですけれども、おそらくそういう話じゃないですよね。単に「大阪には在日朝鮮人が多い」「北朝鮮のスリーパーは朝鮮人である」「ゆえに大阪にはスリーパーが多い」という、まったくいい加減な「三段論法」から導き出した結論です。

野口 三段論法は論理学の基本で、数学の基本でもあります。

佐藤 「大阪には在日朝鮮人が多い」。これは真実です。「北朝鮮のスリーパーは朝鮮出身である」。これは必ずしも「真」とは言えない。日本人の工作員もいますから。数としては朝鮮人のほうが多いと思いますので、仮に二段目の命題が「真」であるとしてもこの二つからは第三段目の「大阪にはスリーパーが多い」という結論は出てきません。

野口 典型的な三段論法というのは「ソクラテスは人間である」、「人間はみな死ぬ」「よって、ソクラテスは死ぬ存在である」という話ですよね。

佐藤 それで考えると、おそらく彼女の頭の中では、二段目の命題が「在日朝鮮人はみなスパイである」という話にすり替わっているんでしょう。そう考えないと「大阪やばい」という結論にはならない。

野口　それはひどい差別というか、偏見ですよね。

佐藤　在日朝鮮人は潜在的スパイであると言っているのに等しいわけです。でも、彼女は自分がそういうロジックを用いているという自覚がない。

野口　彼女は東大農学部出身だったはずですよね。

佐藤　受験数学ができていても国際政治について論理的思考ができるとは限らないという好例ですね。ジャーナリストの池上彰《いけがみあきら》さんは東工大で教えておられるんですが、お聞きしたら、この手のネトウヨ的言説を本気で信じている学生が多くて困っているとおっしゃっていました。

「合理的思考」がオウム真理教を産み出した

野口　あくまでもファクトに基づいて、根拠に基づいて考える。最初に結論ありき、偏見ありきではどうにもなりませんね。そういう分野でもサイエンス・コミュニケーターの果たす役割が大きいと思います。

佐藤　それについて哲学者ユルゲン・ハーバーマスは「合理的思考はかならずしも科学的思考ではない」と言っていますね。一見、合理的推論に見えていても、根拠のない推論では科学的とは言えない。

その例としてハーバーマスが言っているのは、インフルエンザの流行をどのように解釈するかということです。目の前にインフルエンザにかかって苦しんでいる人がいる。それに対して、インフルエンザはウィルスによって起きる病気であるという根拠を知っていれば、今、流行しているインフルエンザはどのタイプで、どこが流行の発生源になっているのかと探究しようとする。これが科学的思考ですね。

それに対して、「インフルエンザは呪いから起きる。うちの娘が高熱で苦しんでいるのは誰かが呪いをかけたからだ。その犯人を捜さないかぎり、病気は治らない」と考えるのは非科学的ではあるけれども、しかし、インフルエンザという「結果」に対応する「原因」を考え、そこから対応を決めようというのは合理的思考であるとハーバーマスは言っています。

私たちの周囲にはこうした「合理的思考ではあるが、科学的思考ではない」という例がいたるところにある。その最たる例がオウム真理教ですよね。

野口 オウム真理教の幹部には理系出身の人間が多かったとは昔から指摘されていますね。地下鉄サリン事件にも優秀な医師や研究者が関与していました。なぜ彼らがその方向に向かってしまったのか。

佐藤 ドイツ語で科学を「ヴィッセンシャフト Wissenschaft」と言いますが、これは体系知という意味です。オウム真理教の科学者はサリンを製造できるくらいの知識はあったけれども、体系知は身につけていなかった。だから、「オウム真理教を潰そうとしてアメリカ軍が動いているからそれに対抗するためにサリンを作らなきゃいけない」という、非科学的な合理的思考しかできなかった。教団の邪魔になる人間に対して「彼らの魂をポアして浄化してやらないといけない」という発想に陥った。結局、科学を知識としては学んでいても、体系としての知、体系知とコネクションをしていなかったから、似非科学的なところと結びついて暴走してしまったわけですよね。

野口　たしかに今の「理科離れ」の源流の一つとして、オウム真理教の事件を考えないといけませんね。

非科学的思考が宇宙時代を作り出した

佐藤　ただ、この「合理的思考であるが科学的思考ではない」というところから、本物の科学技術ができてくる場合もあるから、話はそう簡単ではないんです。

その好例がロケット開発なんです。惑星間の移動手段としてロケットを最初に考えたのは十九世紀末のロシアにいたニコライ・フョードロフという思想家なんですが、彼がそもそもなぜロケット開発を思い立ったかというと、将来において科学はやがて不老不死と死者の復活を可能にするだろうと考えたんですね。つまり、たった今死んだ人間はもちろんのこと、時間を遡ってアダムとイブに至るまで、すべての先祖を生き返らせることができるはずだ。しかし、そ

ロシア宇宙開発の父・ツィオルコフスキー

うなると地球上に人間が溢れてしまって、住む場所がなくなり、空気も足りなくなるから、人類は別の惑星に移住しないとならなくなる。そのためには今からロケット開発をしないといけないと考えたんですね。

野口 何とも壮大なビジョンですね。

佐藤 不老不死や全父祖の復活なんて荒唐無稽な話ではあるけれども、彼としては徹底的に合理的に考えたわけなんですね。

で、こうした彼の考えを「ロシア宇宙主義」と言ったりするんですが、この思想を受け継いだのが「宇宙開発の父」と言われるコンスタンチン・ツィオルコフスキー。彼は本気で宇宙移民の必要を信じて、ロケット工学の基礎を作って、それがソ連のスプートニク開発につながります。一方でこのツィオルコフスキーのロケット開発に刺激されて、ドイツのフォン・ブラウンがナチスの下《もと》でV2ロケットを開発し、戦後はアメリカでロケット開発に携わるわけですね。

だから、ロケットというのはきわめて非科学的な思考から生まれた産物とも言えるわけです。

野口 そんなことがあったとは初耳でした。

佐藤 ロケット開発の原点がニコライ・フョードロフにあることはソ連当局も認めてはいましたが、その動機が万人復活のためというものであったことは隠していましたからね。マルクス・レーニン主義国家としてロケット開発の原点が万人復活説にあるなんて、とても公表できません。だからツィオルコフスキーのロケット開発の話にしても、思想的なところは切り離して説明していた。

野口 実際にソ連はアメリカに先駆けてスプートニクで世界最初の人工衛星を打ち上げたばかりか、ガガーリンをボストーク・ロケットに乗せて、有人宇宙飛行を実現させたわけですから、大したものですよね。

佐藤 スプートニクの開発段階では単に国の威信を上げたいという程度の話だった。でも、その後、この技術があれば大陸間弾道ミサイルにも応用できるし、また宇宙空間を軍事利用できるということに気がついて、急速に技術が発展したわけですね。

野口 一方でアメリカでは「スプートニク・ショック」が起きて、一種のパニック状態になりました。ソ連は宇宙空間からアメリカ本土を攻撃できるが、アメリカはソ連を宇宙から攻撃できないと気がついた。そこで大慌てでロケット開発をするのだけれども、なかなか追いつけない。ここから本格的な冷戦が始まったと言ってもいいわけですね。

佐藤 だからよきサイエンス・コミュニケーターとしては、ときとして非科学的な思考から本当の科学技術が生まれるということも知っておかないといけない。

教育を立て直すには二つのルートから

野口 ユルゲン・ハーバーマスが宗教の内在的論理というところで、市民社会における宗教は合理的な用語で、具体性と実証性と客観性に基づいて説明しなければいけない、ということを言っていますよね。これはまさにサイエンス・コミュニケーターにも求められることだなと思っていたんですけれども、それだけじゃ不十分ということでしょうか。

佐藤 そこでハーバーマスが念頭に置いているのは、ユダヤ教とキリスト教なんですよ。彼が語っているのはあくまでも西欧市民社会の話で、イスラームとか他の宗教は近代以前の宗教なんだという話になるわけですね。そういうところで、ハーバーマスに対して「文化的帝国主義だ」という批判が生まれている。

しかし、ハーバーマスの言っていることは半分当たっていると思うんです。現代の科学技術は、欧米の思想を抜きにしては語ることはできない。たとえば北朝鮮がミサイルを打ち上げるとか、核ミサイルを開発するときでも、正直言って、主体思想《チュチェ》は役に立たない。やはり知の体系としての科学を北朝鮮に導入するときには同時に西欧の思想、欧米の思想を入れないと何の役にも立たない。主体思想をどれだけ掘り下げていっても、そこからはミサイルや核を造るための理論は生まれてこない。レトリックとしては「チュチェ式ミサイル」「チュチェ式核兵器」というのはありえるかもしれませんけれどね。

野口　でも、実際には日本ではオウム真理教の時代と変わらず、いや、それよりもむしろ今のほうが「非科学的な合理的思考」が蔓延しているように思えます。これはどこから変えていけばいいとお考えですか？

佐藤　それはやっぱり教育です。それには二つの方向からのアプローチが必要で、一つはエリート教育を行なうということと、もう一つはサイエンス・コミュニケーターなどの力を借りて、社会全体の教養の底上げを図ること。今の日本はそのどちらも必要だし、逆に言うとどちらも欠けている状態ですね。

真のエリート教育とは

佐藤　エリート教育という話で言うと、さっき母校の浦和高校に教えに行っているという話をしましたが、それとは別に武蔵中学・高校で授業をしたことがあるんですよ。

野口 武蔵というと有名な進学校ですよね。中高一貫で、高校二年生までに通常のカリキュラムを終わらせて、最後の一年間、びっしり受験勉強させる……。

佐藤 それが違うんです。たしかに開成や灘といった中高一貫校はそういったやり方で教えているんだけれども、武蔵は反対に最初の五年間は受験勉強につながるような教育はしないんですよ。

野口 というと？

佐藤 五年間で六年分の授業をするどころか、学習指導要領をまったく無視した授業なんですよ。たとえば社会科なんて、入学直後に地図だけを持たせて登山をする。先生はもちろん帯同しているんだけれども、危険なとき以外は何も教えない。で、山を登って下りてきてから総括をする。たとえば「ちゃんと地図が読めないから、三倍の距離を歩くことになったじゃないか」とかね。また、途中で拾ってきた岩石を学校に持ち帰って、薄くスライスして顕微鏡標本にするとか。

野口 それ、けっこう大変ですよ。

佐藤 聞いたら、半年で一個しか作れないんですってね。

野口 なるほど。実は私の一人目の夫は武蔵中高の出身でして、道理で忍耐強かったわけだ。

そのほかの教育もユニークなんですね。

佐藤　けっこう面白いですよ。学校の中でヤギを飼っていて、係に任命された子はヤギの世話をしないといけないとか。その代わり、武蔵流のカリキュラムに即した形でどんどん勉強もやらせる。中二になると第二外国語が始まるし、必要ならば外からも講師を呼ぶし、武蔵大学の講義を聴きにいったりもする。それで単位認定をするんです。

そうやって五年間過ごしたあと、高校二年の終わりになって初めて受験勉強モードになる。

野口　それで受験、大丈夫なんでしょうか。一年では間に合わないでしょう?

佐藤　ところが、この学校は是が非でも東大に入れて、というような指導をしない。というのも、受験勉強というのは人によって向き不向きがある。東大を狙うのはいいけれども、一年間、一生懸命勉強して合格しないようだったら、今の学力で入れるところに入学して、そこで頑張るという選択肢も認めている。

「でも、みなさんが五年間かけて学んできたことはどこに行っても通用するから心配は要らない」と教えるんだそうです。

野口　たしかに、そういう学び方をしていたら、本物の知識が身につくでしょうね。

佐藤　だから、武蔵は東大至上主義を取らない。でも、武蔵は「それでいいんだ」というわけですね。つまり「我々がやっているのは真の意味でのエリート教育なんだから、どこの大学に

入るかは重要視しない。それよりも、それぞれの進学先でがんばって勉強して、それぞれの道でエリートになればいい」というわけです。

野口 たしかに東大に入れることがエリート教育ではないですね。問題なのは、大学を出てからですから。

驚くべき中学二年生

佐藤 武蔵は、エリート教育の学校だからこそ、日本の偏差値競争に加わらないんだというわけですね。

ただ、最近ちょっと困ったこと……というか、ちょっと変化が起きた。東大への合格者数が減ってきた。

というのも、かつての東大入試では共通一次試験、センター試験は足切り判定に使われていただけで、本当の合否は二次試験の結果だけで決まった。しかし、今ではセンター試験の点数を五分の一にして、それを二次試験の点数に加算することになったので、いわゆる受験勉強をやっていない武蔵の生徒は不利なんです。

野口 センター試験は暗記がモノを言うから、そこで武蔵の生徒は遅れをとってしまうわけですか。

佐藤　そう。東大の二次試験は暗記ではなくて、思考の回路、解法にいたる考え方を問う試験だから、地頭がよければそれなりにいい点数が取れて合格できたんだけれども、そうも行かなくなってしまった。

野口　かといって、これまでのやり方を変えたりするわけではないんでしょう？

佐藤　伝統的教育と大学受験のバランスをどう取るかについてはいろいろ苦慮しているようです。実際に武蔵に教えに行って腰を抜かすほど驚いたのは、中学生・高校生合わせて一一人を一緒の授業で教えたんですが、いちばんできたのが中二の生徒だった。

野口　どんなことを教えたんですか？

佐藤　シャミッソー『影をなくした男』（岩波文庫）とカレル・チャペック『山椒魚戦争』（岩波文庫、ハヤカワ文庫ＳＦ）を課題図書にして、それを読んでクルド人の民族問題と、そこに内包されるナショナリズムの病理はどういう関係にあるかを述べてきなさいとやった。参考図書としてアーネスト・ゲルナー『民族とナショナリズム』（岩波書店）、ベネディクト・アンダーソン『想像の共同体』（書籍工房早山）も指示したんです。

野口　それを中学・高校生に？

佐藤　実はこれは東大で後期教養課程で教えていたのとほぼ同じレベルの課題なんですが、中学二年生の書いてきた論文が一番だった。校長先生に聞いたら、今年の中学生は特に当たり年

で、二年生、三年生に傑出している生徒が何人もいるんだそうです。

野口 そういう話を聞くと嬉しいですね。将来その子たちがどういうふうに活躍してくれるのかなと楽しみです。今はどこでもひどい話ばかり聞くので。

佐藤 武蔵はなかなか面白い学校ですよ。私はこの学校の教育にとても注目しています。

教養の底上げをするための勉強法

佐藤 エリート教育とは別に、もう一方で重要なのは教養の底上げ。すでに今の学習指導要領の中で育った学生たちは理系的教養と文系的教養が分断されたままで大学に入っているから、そこのところをどうやってカバーするかが重要なんだけれども、最低でもさっき私が提言した地方公務員上級の教養試験をクリアできる程度になっていたほうがいいと思うんです。

野口 その教養試験は理科系、文科系共通なんですか。

佐藤 自治体ごとで多少の違いはありますが、だいたい三〇科目くらいの出題範囲があって、そこには政治・経済・法律・歴史といった文系科目、数学・物理・化学・生物・地学といった理系科目が含まれています。

野口 三〇科目！　それは大変ですね。

佐藤 でも、内容的には文系・理系ともに、高校で教えられる範囲からそれほど出るわけじゃ

ないからレベルとしてはそれほど難解ではないんです。

野口　基礎教養として考えるならば、高校で教えられる理科、そして文系科目……その程度がちょうどいいですね。でも、具体的にはどうやって勉強すれば？

佐藤　教養の底上げをしつつ、かつ地方公務員上級に合格するレベルを目指すということで考えれば、いちばんいいのは過去問をたくさんやることですよ。具体的には『**地方上級教養試験過去問500**』（写真左）というのが実務教育出版から出ている。これは一ページに一問、問題が書いてあって、そこに解答と解説が書かれている。その解説がけっこう詳細だから、これを端から順番に解いて、解説を読んでいくだけでかなり教養の欠落部分を埋められる。

野口　単に教科書を漫然と読んでいるよりも、問題を解いていく形のほうが達成感があっていいでしょうね。こういうので国家公務員試験のものはないんですか？

佐藤　地方公務員に比べて、国家公務員試験を受ける人は数が少ないから、この種の参考書や問題集はほとんど存在しないんです。マーケット的に成立しない。

野口　なるほど。

佐藤　しかも、地方公務員上級は模試もけっこう充実しているから、その時々で自分の実力がどのくらい向上しているかもチェックできる。

野口　これはいいことを聞きました。

佐藤　もちろん、こうしたことは学生自身が気づいて、内発的に、積極的に行なうほうがいいんです。でも、放っておけばそれに気づくというものでもないから、やはり教える側で「こういう世界があるよ」「サイエンス・コミュニケーターになったら、こういう活躍の場所があるよ」ということを伝えていったほうがいいと思うんです。

野口　そうですね。「こうしなさい」と強制するのではなくて、選択肢を提示してやる。研究者となって大学に残る道を考えるのもいいし、サイエンス・コミュニケーターとなって社会に出て行くという道を考えるのもいい。でも学生は意外と世間を知らないのでそうした選択肢があることに気づけないということもあるかと思います。

佐藤　私が神学部の学生に教えるときも、つねに就職という選択肢を意識させています。少しだけ脅していると言ったほうがいいかな。

野口　漠然と学生時代を過ごしているんじゃないよと。

生涯続く「学び」のプロセス

佐藤　統計的に見て、ぼんやりしていると卒業したあとにどんなに悲惨なことが待っているかということを知らせるために、山田《やまだ》昌弘《まさひろ》さんの『底辺への競争　格差放置社会ニッポンの末路』（朝日新書）、橋本健二《はしもとけんじ》さんの『新・日本の階級社会』（講談社現代新書）、雨宮《あまみや》処凛《かりん》さんの『非正規・単身・アラフォー女性』（光文社新書）といった本を読ませたりしているんです。

野口　シビアな内容の本ばかりですね。

佐藤　今の時代、単に大学を出ただけではダメで、何らかのスペックを身につけていないと、こうなる可能性が高いよと言うと、やはり学生の目の色が変わりますよ。それまでは成績があまり芳《かんば》しくなかった学生が必死に勉強して成績を上げてきている。効果が上がっています。

それと同時に何を言っているかというと、神学を本当に勉強するには二五年くらいかかるということ。何しろ神学というのは中世からの積み重ねですから、勉強しなくてはいけないことがきわめて多い。それと同時に使える外国語を最低でも二つは身につけないといけない。そう考えると大学、大学院の間に勉強できるのは本当に基礎の基礎で、そこから二〇年かけて専門を勉強する。それでようやく神学的な思考ができるようになる――そういう世界だから、神学を続けたければ、その二〇年間、食っていくための仕事を見つけないといけない。その覚悟が君たちにあるんだったら、まずは安定した就職先を探す。できれば四十代になったころに年収一千万を超えるような、そういった場所を見つけなさい、そうしたら神学を落ち着いて学ぶことができる。

野口 神学部の学生さんは主にどういったところに就職するんですか？

佐藤 一般の企業ですよ。基本は文学部の就職と変わりませんね。メディアに行く人もいるし、金融関係に就職する人もいます。あと、どこに行ったのか分からない人たちもけっこういる（笑）。

野口 学校に申告しないかぎり、どこに就職したかは分かりませんからね。

佐藤 もちろん、それから教会関係への就職もあります。

野口 学校の先生はどうなんですか？

佐藤 ないわけじゃないけれども、神学部で教職の資格を取ろうとすると神学の勉強がほとんどできなくなってしまうんですよ。

神学部だとまず宗教科の免許を取得するんだけれども、そのほかにもう一つの科目も修得しないといけない。教科教育法などの教育学の勉強もしないといけない。そんなことをしていたら神学は事実上、勉強できなくなってしまう。

野口 こうやってお話を聞くと、改めて教員の責任は大きいなと思いますね。特に今の時代、「学ぶ」ことを続けていくためには、教員の側からの問いかけ、働きかけが重要ですね。

佐藤 「最近の学生は出来が悪い」と放り出してしまうのは簡単です。でも、そういうことをしていたら学生からも舐《な》められて、誰も真面目に勉強しなくなる。やはり教える側の責任は重大だと思いますね。

野口　逆に言えば、舐められないようにきっちり教えていけば、学生はちゃんと能力を発揮していく。教える側もそこのところを勘違いしてはいけないということですね。本当に今日はいいお話をうかがえました。ありがとうございます。

【付録】同志社大学サイエンス・コミュニケーター養成副専攻シラバス

（二〇一八年度版より抜粋）

科学技術概論Ⅰ（科学技術社会論）

科学技術概論Ⅰは、二〇世紀の終わりから発展してきた科学コミュニケーション論を学ぶもので、科学リテラシー論、科学技術倫理、表現論、理科教育などを実例をもとに解説するとともに、科学と社会をつなぐ人材を育てるのが目的である。

科学技術概論Ⅱ（調査方法論／統計学）

本講義は社会調査のトレーニングを受けたことがない学生に対して、調査の意義、社会を観察する着眼点、正確な方法論習得の必要性、調査に関する定量的、定性的方法論について、概説する入門クラスである。科学技術と社会の関係を理解するためには、予期せぬ結果や見えないものを科学する分野についての知識が必要である。本講義では、実際に科学技術関係の組織に行なわれた社会調査のデータを例として用いて説明する。

アウトリーチ実習（科学技術表現実習）

アウトリーチとは、大学などの公的機関が行なう、地域への出張サービスのことで、近隣の人たちとの接点を求めて出張授業を行ない、科学に関心のある人（または子どもたち）を積極的に増やす活動のことを言う。この授業では、自分の興味ある分野の研究または実験を分かりやすく説明する能力を開発することを目的とする。参加者のアウトリーチの中身と傍観者としてのディスカッション能力を見る。

サイエンスライティング

最新の科学の進歩をどう易しく伝えるか、という点についての講義である。科学技術の理解の第一歩は、得た知識を他人に伝えることである。またそのためには、一般の人が理解できるような言葉に言い換えることが必要である。このサイエンスライティングでは、その実践として、テーマ設定、文章の流れ、インタビューの方法、プレゼン手法などについて、双方向に学び合い、能力を向上させる。

サイエンスとインテリジェンス（体系知〈科学〉と宗教）★佐藤優担当

近代科学には、古代、中世の知がさまざまな形で継承されている。しかし、近代的宇宙像（世界像）とパラダイムを異にする過去の知の内在的論理をつかむことは容易ではない。二〇〇〇年近くの歴史を持つキリスト教神学との類比で、異質な思想の論理と構造をつかむことを試みる。

サイエンス・ナウ1（生命科学）

この授業では、革新的な生命科学の発展が私たちの生活にどう結びついているか、という観点からヒトの体とこころの問題を中心に概説し、現時点での問題点を洗い出していく。

サイエンス・ナウ2（生命医科学入門）

生命医科学に直接携わらない人も、生命科学や医学における最先端技術の発展を理解した上で、その発展の裏で社会問題となっている現実を知る必要がある。健康・病気とは何か、病気と人との関わり、医師・患者関係の変遷とチーム医療、ゲノム医療の発達とジレンマ、死生観の変遷と終末期医療、再生医療、遺伝子診断と遺伝カウンセリング、遺伝子組み換え食品、バリアフリー、認知症、がん、酸化ストレス、アンチエイジング、創薬、先端医療技術と医療経済・健康保険制度など、生命医科学への入門に必須の課題を概説する。

サイエンス・ナウ３（報道と広報の現場）

健康・医療に対する人の関心はひじょうに高く、それを煽るような情報があふれている一方で、生命科学や医療技術の進歩は十分には伝えられていない現実がある。これらを正確にかつ分かりやすく伝えるために、新聞やテレビなどの報道現場では直面する問題を解決しながら様々な取り組みがなされている。また、企業の広報部では、企業内外の情報を迅速にキャッチし、製品の魅力ある情報発信が求められる。本講義では、実際に報道と広報の現場で奮闘している講師により、具体的な例を掲げながら講義が行なわれる。

サイエンス・ナウ４（科学史、原子力、原発）

原発について、科学史的な遡《さかのぼ》りも含め、歴史的な背景を踏まえながら、原発が社会の中での多様な側面を持っていることを紹介していく。

サイエンス・ナウ５（メディカルワークショップ・インターンシップ基礎講義）

重症心身障害児施設および医療少年院におけるインターンシップと、神経難病指定疾患である多発性硬化症、視神経脊髄炎の患者会への参加を前提とした基礎講義。

サイエンス・ナウ6（生命科学と社会）

近年、生命科学・医科学分野はめざましい発展を遂げている。これにともない、生命科学・医科学分野は近傍の生物学や化学などと相まって、社会への影響力や倫理問題も生じ、社会や環境に対する責任も時代とともに多様に変化し続けている。研究者個人の意識改革も問われる中、一方で研究が発展するような社会的意識やシステムの整備も重要である。本講義では基礎研究の重要性にも焦点を当てつつ、研究者と社会の両方の立場を踏まえて解説していく。

インターンシップI（ビジネスワークショップ）

企業と放送局でインターンシップを行なう。企業については、京都に本社を持つ大手企業の広報部を中心に訪問し、製品紹介や企画に関わる会議に参加するとともに、与えられた課題に取り組む。受け入れが確定している企業は島津製作所とイシダ株式会社。放送局は毎日放送、読売放送、京都放送の受け入れが確定しており、会議やスタジオの見学、記者によるミニ講座、ニュース作成疑似体験、現場取材や実況中継準備などを通して、報道の現場を知る。

インターンシップⅡ（メディカルワークショップ）

重症心身障害児施設および医療少年院におけるインターンシップと、神経難病指定疾患である多発性硬化症、視神経脊髄炎の患者会への参加プログラム。

対談を終えて

佐藤優氏にサイエンス・コミュニケーター養成副専攻を知っていただく機会を得たのは二〇一六年秋である。副専攻の講義一回をゲストスピーカーとしてお願いした。

サイエンス・コミュニケーターというと、科学技術について一般の人に分かりやすく説明する科学技術の専門家というイメージがある。

しかし、私が考えるサイエンス・コミュニケーターは、自然や人間の活動で起こることを科学技術の知識を用いて理解し根拠に基づいて判断する力（科学リテラシー）を社会に行き渡らせる役割を担う人を指す。サイエンス・コミュニケーターは文系、理系にかかわらず本物の教養を身につけた人でなければならない。そこで佐藤優氏の力を是非ともお借りしたいと考えたわけである。

嬉しいことに、二〇一八年度の秋学期には「サイエンスとインテリジェンス」という一五回のフル講義を開講していただくことになった。この講義はまず学生への佐藤流叱咤激励《しったげきれい》（＝脅し）から始まり、学生がすっかり覚醒したところで本論に入っていく。アリストテレスに遡って科学の変遷をたどる中で、科学哲学や認識論に触れ、錬金術と現代の科学との共通点が浮き彫りにされていく。

一方向の講義形式ではなく、例えばＳＴＡＰ細胞事件を取り上げた『捏造《ねつぞう》の科学者』（須田桃子、文春文庫）を教材に用いて、章ごとに担当学生が自分で立てた命題に答える形でレポートをまとめて発表し、それに対して皆で議論した。

本書の対談で佐藤優氏から多くのことを学ばせていただいたが、中でも、社会情勢や時代の流れ、世界の歴史を知ることによって、ものの見方が全く違ってくるということを改めて認識した。

科学をどう捉えるかも、科学に何を求め、科学が何に応《こた》えられるかを考える上でも大きく影響するだろう。「真理を探求する」ことを生業《なりわい》とする生命科学の研究者である私にとっては、視野が狭くなりがちであることを自戒する機会となった。

サイエンス・コミュニケーター養成副専攻では、文科系・理科系両学部の学生が同じ場所で学び、それぞれの考え方の違いを知り、理解し合うために何が必要かを考える環境を整えたいと考えている。そこに、佐藤優氏の講義は欠かせないのである。

サイエンス・コミュニケーター養成副専攻は二〇一九年度から法学部も加わり、五学部体制となる。これからも参画学部が増え、様々な分野の学生がともに学んでもらえればと思う次第だ。さらにこれを大学院に拡充し、より高い専門性と広い教養を身につけたサイエンス・コミュニケーターを社会に送り出せればと願っている。

副専攻の運営にご尽力いただいている同志社大学生命医科学部石浦章一特別客員教授、池川雅哉教授に心より感謝申し上げます。

最後に、サイエンス・コミュニケーターの重要性をいち早く理解し、佐藤優氏との対談の機会を設けて本書をまとめてくださった、集英社インターナショナルの佐藤眞氏に深謝申し上げます。

野口範子

二〇一八年十二月二十八日

著者略歴

佐藤 優　作家／元外務省主任分析官

さとうまさる　1960年、東京都生まれ。1985年に同志社大学大学院神学研究科修了後、外務省入省。在英国日本国大使館、在ロシア連邦日本国大使館に勤務した後、本省国際情報局分析第一課において、主任分析官として対ロシア外交の最前線で活躍。2002年、背任と偽計業務妨害容疑で東京地検特捜部に逮捕され、2005年に執行猶予付き有罪判決を受ける。2009年に最高裁で有罪が確定し、外務省を失職。2005年に発表した『国家の罠 外務省のラスプーチンと呼ばれて』で第59回毎日出版文化賞特別賞受賞。2006年に『自壊する帝国』で第5回新潮ドキュメント賞、第38回大宅壮一ノンフィクション賞受賞。『ファシズムの正体』（インターナショナル新書）、『「知」の読書術』（集英社インターナショナル）など著書多数。

未来《みらい》のエリートのための最強《さいきょう》の学《まな》び方《かた》

2019年2月10日 第一刷発行

著　者　佐藤《さとう》 優《まさる》
発行者　手島裕明
発行所　株式会社 集英社インターナショナル
〒一〇一-〇〇六四 東京都千代田区神田猿楽町一-五-一八
電話 〇三-五二一一-二六三二
発売所　株式会社 集英社
〒一〇一-八〇五〇 東京都千代田区一ツ橋二-五-一〇
電話 読者係 〇三-三二三〇-六〇八〇
販売部 〇三-三二三〇-六三九三（書店専用）
印刷所　三晃印刷株式会社
製本所　株式会社ブックアート

定価はカバーに表示してあります。

 ISBN978-4-7976-7369-2 C0095